L'ARGILE

Remerciements :
A tous ceux qui m'ont éclairée lors de mes recherches, qui ont répondu avec patience à mes questions (elles étaient nombreuses !) :
Jade Allègre, Hélène Coiffet, Chrystèle Germond, Rémi Guyomarch, Elodie Julien, Julien Kaibeck, Daniel Kieffer, Marc Perrier, Blandine Pouzin.

Crédits photos :
Shutterstock : © tarog, © Tania Zbrodko, © Kristo-Gothard Hunor, © wavebreakmedia ltd, © Lilyana Vynogradova, © mathom, ©Viktar Malyshchyts, © clearimages, © marilyn barbone, © AISPIX by Image Source, © Juriah Mosin, © karamysh, © Piotr Marcinski, © Scorpp, © Olga Lyubkina, © Tyler Olson, © marco cappalunga, © design56, © Andrea Raia, © ElenaGaak, © jordache, © Nanka (Kucherenko Olena), © Ekaterina Matronitckaia, © Liv friis-larsen, © Subbotina Anna.

Anagramme éditions
Dépôt légal 2ème trimestre 2012
ISBN 978-2-35035-362-3
info@anagramme-editions.fr

Site Internet :
www.anagramme-editions.fr

Imprimé en Bulgarie par Spektar

Edité par ANEDIT s.a.r.l.
30-32 rue de Lappe
75011 Paris
info@anagramme-editions.fr

L'éditeur utilise uniquement des papiers labellisés PEFC (*Programme for the Endorsement of Forest Certification* - Programme de certification de gestion forestière durable) composés de fibres naturelles, renouvelables, recyclables et fabriquées à partir de bois issus de forêts gérées dans le respect de l'environnement. Les encres sont également 100 % végétales.

Annie Casamayou

L'ARGILE
Santé, beauté, bien-être

ANAGRAMME
éditions

Sommaire

Avertissement

Ce livre présente des informations basées sur des études, des recherches et des expériences publiées ces dernières années. Les conseils prodigués sont indicatifs et leur intention n'est pas de se substituer aux recommandations des médecins ou des professionnels de la santé.

Ni l'auteur, ni l'éditeur ne peuvent être tenus pour responsables des effets ou des conséquences résultant d'une utilisation incorrecte ou imprudente des informations contenues dans ce livre.

Préface

Quand Annie Casamayou m'a proposé de préfacer cet ouvrage sur les argiles, je fus profondément heureux de la qualité de son travail de recherche et de mise en ordre sur un sujet aussi complexe que passionnant.
Il me semble aujourd'hui évident qu'un nouveau livre aussi complet sur le sujet, et apportant un regard naturopathique et synthétique, sera apprécié par le professionnel comme par le grand public.
Parmi les outils ancestraux les plus simples et les plus utilisés pour se soigner, l'usage des terres argileuses est en effet probablement l'un des plus anciens, avec les plantes et le magnétisme humain. Au fil du temps, l'empirisme s'est vu heureusement peu à peu confirmé par mille et une observations cliniques et quelques ouvrages ont vu le jour ici ou là, principalement rédigés par des hygiénistes de bon sens.

Aujourd'hui, les bienfaits des argiles s'avèrent de mieux en mieux démontrés et la très dynamique association française l'Homme et l'Argile possède probablement l'une des plus grandes banques de données mondiales à ce sujet depuis plus de 2000 ans. Un grand coup de chapeau à sa fondatrice, ma consoeur Florence Thiriez, qui est également infirmière et anthropologue et qui a su s'investir sur le terrain des populations les plus défavorisées du globe avec de l'argile comme principal remède passe-partout depuis 1991 ! Des diarrhées (associées à des dysenteries tropicales ou même au SIDA) ont pu ainsi être soulagées à peu de frais et sans aucun effet iatrogène...

A la lecture de ce nouveau livre, je me réjouis très sincèrement à plusieurs titres : pour ses qualités d'écriture et de synthèse tout d'abord, mais aussi parce qu'il a le mérite de réactualiser des connaissances peu ou pas remises en cause depuis les années 60. De plus, le lecteur se trouvera sensibilisé à la pensée naturopathique, ce qui ne peut que m'enchanter. En effet, bien au-delà des propriétés des argiles sur tel ou tel symptôme, c'est dans le cadre des cures d'hygiène vitale qu'elles prennent tout leur sens comme alliées des défenses naturelles, des éliminations toxiniques, ou encore de la régulation du pH ou des fonctions digestives.

De plus, nous trouvons dans ce livre des ouvertures fort pertinentes à la dimension humaine des témoignages, via des entretiens avec divers spécialistes, ce qui éclaire encore le texte en termes d'expérience vécue et de pertinence scientifique. Enfin, des idées très concrètes pour utiliser les argiles au service de l'hygiène de la maison, du linge, des plantes, m'ont convaincu que ce livre est non seulement voué à être lu et relu, mais aussi à passer de main en main…
Préfacer un tel ouvrage m'honore et honore assurément la corporation des naturopathes. Puisse-t-il consacrer ses lettres de noblesse et de respect au plus humble et au moins coûteux des remèdes, de ceuxlà qu'on ne pourra heureusement jamais breveter, un peu du corps même de notre Terre Mère.

Daniel Kieffer
Directeur du Collège Européen de Naturopathie Traditionnelle Holistique CENATHO
Président de la Fédération Française de Naturopathie FENAHMAN
Président de l'Union Européenne de Naturopathie U.E.N.
Président et conférencier de l'association Objectif : Notre Santé
Membre professionnel de l'OMNES
Membre du comité de pilotage d' Alliance pour la Santé
Auteur de nombreux ouvrages dont :
Encyclopédie historique de la naturopathie, Editions Jouvence,
Guide personnel des bilans de santé, Editions Grancher.
Bibliographie sur : http://cenatho.free.fr

Introduction

L'argile, extraite des profondeurs de la terre, est présente partout dans le monde. Elle constitue 15 % de la croûte terrestre. Pourtant, si elle est universelle, sa composition comme sa couleur varient selon sa localisation. Accessible à tous et à portée de main, il est difficile de trouver un pays ou une population qui ne l'ait pas employée : on peut réellement dire que l'argile accompagne l'histoire de l'humanité depuis son origine et qu'elle a traversé les millénaires sans prendre une ride, car, aujourd'hui comme depuis toujours, elle reste pétrie d'avantages !
Les applications de l'argile sont nombreuses et dans des domaines variés :

• **L'habitat** car, avec le bois, l'argile fait partie des matériaux de base permettant de réaliser des constructions. Elle est utilisée crue pour des torchis, des colombages, du pisé ou des enduits. En Orient, depuis des millénaires, on la sèche au soleil pour former des briques d'adobe toujours couramment utilisées. L'argile peut aussi être cuite pour fabriquer des briques ou des tuiles. Après avoir été un temps délaissée, elle est plus que jamais au goût du jour : c'est un matériau naturel et sain, son impact écologique est réduit, ses remarquables qualités de résistance lui donnent une durabilité importante, tandis que son coût reste faible.

• L'art, car l'argile invite à la travailler, à la manipuler et à la pétrir : elle s'appelle alors glaise et permet, quand elle est séchée ou cuite, de réaliser des sculptures. L'art du modelage est très ancien et les figurines retrouvées sur les sites de fouilles sont des témoignages précieux de la vie quotidienne des peuples depuis la préhistoire. L'argile est aussi mise en forme dans l'art de la poterie et de la céramique, avant d'être cuite à température élevée, de façon à ce qu'elle se transforme en une matière dure et résistante. Elle prend alors des noms différents : faïence, porcelaine, grès, etc.

• La médecine, car l'argile est un outil thérapeutique fascinant, utilisé depuis la nuit des temps pour soigner de nombreux maux d'une manière très efficace. Depuis la préhistoire, on lui attribue des propriétés variées, en en faisant l'un des meilleurs remèdes naturels. On peut dire qu'il a eu le temps de faire ses preuves ! D'autant que ses vertus peuvent aujourd'hui être validées par différentes études scientifiques.
De la tradition à la science, vous

effectuerez en toute bonne conscience un vrai retour à la terre !

• La cosmétique, car l'argile est sans conteste le meilleur et le moins cher des soins de beauté et d'hygiène. Elle lisse l'épiderme et donne un teint frais. Elle est incontournable dans de nombreuses préparations destinées à embellir la peau ou les cheveux.

• L'industrie, car l'argile est très fréquemment employée comme minéral industriel pour donner de la blancheur au papier ou de l'éclat aux peintures. Elle intervient aussi dans la fabrication des barrières hydrauliques, des équipements sanitaires, des pièces détachées de l'automobile, etc. L'industrie pétrolière l'emploie aussi pour purifier l'essence brute. Des domaines vraiment très divers et, pour beaucoup, complètement inattendus !

Les progrès de la science ont apporté une connaissance plus fine des propriétés des argiles et ont permis de lui trouver des applications très techniques. Cela explique que les argiles se fondent dans notre environnement quotidien sans même que l'on soupçonne leur présence.

Face à ces utilisations très élaborées, l'argile brute dessine un retour en force des usages ancestraux dans le domaine de la santé et des soins d'hygiène. Vous allez découvrir que cette ressource naturelle vraiment bon marché présente des qualités qui sont, sans aucun doute, d'une efficacité exceptionnelle et d'une grande polyvalence. Et pour ne rien gâcher, elle est vraiment facile à utiliser, son emploi est à la portée de tous. L'argile est gorgée de principes qui soulagent et embellissent, c'est une de plus précieuses alliées du quotidien.

C'est quoi l'argile ?

Origine

On assimile souvent l'argile à de la terre, pourtant c'est un minéral, précisément un silicate d'alumine hydraté. Il s'est formé au cours de milliers d'années, provenant de l'altération de diverses roches mères (granit, schiste, mica et surtout feldspath) qui constituent la majeure partie de la couche superficielle de l'écorce terrestre. Ces roches se sont désagrégées en texture très fine au cours des millénaires sous l'effet des intempéries, de l'eau et du gaz carbonique.

Selon les roches dont elle est issue, l'argile présente des types différents.

On distingue deux origines principales :

• Quand l'argile se forme à l'emplacement même de la roche mère, elle est dite « primaire » et sa couleur est généralement blanche. Elle contient souvent une part importante de silice libre, ce qui la rend légèrement abrasive, et des traitements spécifiques sont nécessaires pour la purifier. C'est le cas par exemple de la kaolinite ;

• Elle peut aussi être secondaire, c'est-à-dire avoir été transportée par les eaux de ruissellement jusqu'à des zones de sédimentation loin de son lieu d'origine. Elle est souvent plus fine et plus pure puisque les fractions les plus lourdes ne sont pas entraînées, et elle renferme alors un grand nombre de minéraux qui en modifient la couleur.

En fonction de la nature des roches mères, du climat et des milieux qu'elle traverse, l'argile présente des compositions physico-chimiques différentes. Mais elle est toujours principalement constituée de silicates d'alumine, autrement dit d'atomes de silice et d'atomes d'alumine.

Composition

Par nature, l'argile ne se laisse pas aisément étudier : ses particules trop petites, inférieures à deux millièmes de millimètres (de l'ordre du micromètre donc) la rendent quasiment impossible à observer au microscope optique et les analyses chimiques ordinaires ne sont pas suffisamment précises pour effectuer un classement distinct des différentes argiles. Il existe une seule méthode à même de détailler de façon certaine sa structure physico-chimique : il s'agit de la diffraction aux rayons X qui permet

d'identifier et de différencier clairement les argiles. D'autres analyses (chimiques, thermiques, etc.) peuvent venir en complément pour évaluer certains points de détail.
Il existe donc de nombreuses variétés d'argiles avec des structures moléculaires et des compositions chimiques particulières. Au sein de cette grande famille, il existe cependant un point commun à toutes les argiles : ce sont des silicates d'alumine hydratés. Au coeur de silice et d'alumine s'ajoutent des éléments minéraux en petite quantité qui s'imbriquent dans sa structure : oxydes de magnésium, d'aluminium, de calcium, de fer, de potassium, de soufre, de phosphore, de zinc, etc. Selon les différentes qualités d'argile, les sels minéraux sont présents dans des proportions variables. Ils agissent tous en synergie, s'enrichissant mutuellement dans un équilibre délicat, ce qui confère à l'argile ses étonnantes propriétés et lui donne sa couleur. Le fer en particulier (oxydé ou réduit) est responsable de la couleur de l'argile.

La silice : l'argile est composée principalement de silice, qui est l'élément indispensable du tissu conjonctif et du tissu osseux du corps : il raffermit les tendons, les ligaments et assouplit les articulations, il permet la fixation du calcium dans l'organisme et exerce une action solidifiante sur les os, la peau, les dents, les cheveux, etc. C'est un facteur important de la constitution du squelette et un élément incontournable du rétablissement en cas de fracture, d'arthrite, d'arthrose ou d'ostéoporose. Voilà qui permet de comprendre pourquoi

l'argile est si précieuse pour toutes les structures de soutien de l'organisme, elle est capable de soulager les articulations qui dégénèrent ou de favoriser la consolidation des os fracturés.

La silice a d'autres fonctions : elle équilibre le système nerveux, joue un rôle majeur pour le système immunitaire et maintient la santé cardio-vasculaire. C'est un élément réellement majeur de l'organisme.

Structure

Toutes les argiles n'ont pas une structure identique, mais leur organisation interne obéit toujours au même principe. On peut se les représenter comme des empilements de couches, les unes sur les autres, formant des feuillets épais de quelques angströms (un angström = 1 millionième de millimètre !). D'où leur nom de phyllites (du grec phullon : feuillet). Cette structure confère aux argiles une très grande surface.

Chaque feuillet est séparé de l'autre par un emplacement vide dans lequel se placent les divers ions de minéraux : oxydes d'aluminium, de magnésium, de fer, de potassium, etc. Le mode d'empilement des feuillets présente des figures variées et permet d'établir des classifications.

Mais c'est toujours l'ensemble des feuillets, maintenus en cohésion, qui forme chacune des toutes petites particules d'argile.

Les principaux composants de l'argile

- Minéraux argileux (phyllosilicates)
- Quartz
- Calcédoine : forme mal cristallisée et hydratée de la silice, origine organique
- Oxydes et hydroxydes de fer : hématite, goethite
- Sulfure de fer (en milieu réducteur)
- Oxydes d'aluminium (sous climat chaud et humide)
- Carbonates : calcite, dolomite
- Matières organiques : pollens, spores, débris…

Source : *L'argile, médecine ancestrale*, Philippe Andrianne, Editions Amyris, 2010.

Est-ce que l'on peut prendre de l'argile sans risque de se surcharger en aluminium ?

L'aluminium est un élément qui pose question : il est accusé d'être neurotoxique, de se fixer dans le tissu cérébral et d'être associé à la maladie d'Alzheimer, ou encore d'être absorbé par la peau et d'induire des cancers hormono-dépendants. Mais ce même élément a également démontré son efficacité dans le traitement des déficiences intellectuelles de l'enfant ou des troubles du sommeil. Pourquoi ce paradoxe ? Un même élément peut-il avoir des effets contraires ? En fait, tout dépend de la forme utilisée et de la dose…

Toutes les argiles utilisées pour les soins naturels sont des silicates d'aluminium, Leur structure est construite sur une trame faite de silice et d'alumine à des teneurs plus ou moins élevées selon les variétés. Il faut bien différencier la trame qui est stable des oligo-éléments ionisés qui y sont intriqués et qui peuvent s'échanger. La structure est solide, ce qui fait des silicates d'aluminium des cristaux bien ancrés, ils restent « accrochés » tout le long du tube digestif, ce qui rend l'alumine de l'argile inoffensive. Pour preuve, le taux sanguin d'aluminium ne s'élève pas après ingestion de l'argile.

D'ailleurs, l'une des caractéristiques de l'argile est d'être le plus petit minéral trouvé sur terre, d'une dimension inférieure à 2 micromètres…

La constitution chimique, le mode d'empilement et l'écartement des feuillets définissent le type minéral de l'argile, et ses propriétés.

Propriétés générales des argiles

Du fait de leur structure particulière, les argiles possèdent des propriétés remarquables, mises à profit dans de nombreuses applications.

L'argile est d'une étonnante **plasticité** : mouillée, elle devient tout à fait malléable quand les molécules d'eau s'incorporent à l'intérieur des feuillets, et les écartent les uns des autres. L'argile a en effet une forte affinité avec l'eau, elle est capable d'en absorber une grande quantité, car la structure même des feuillets offre une surface de contact incroyablement élevée, bien plus que le simple volume de ses particules. Pour certaines variétés, comme les smectites (les smectites représentent une famille d'argiles comprenant notamment la montmorillonite, la beidellite et la nontronite), il y a augmentation visible du volume et gonflement sous l'effet de l'hydratation.

Pourtant, une fois l'argile imbibée d'eau, elle devient quasiment **imperméable**, car les minéraux sont si fins et si compacts que les molécules d'eau peuvent la saturer complètement. Quand l'argile est saturée, elle forme une barrière naturelle efficace : c'est pourquoi elle sert de filtre pour assainir les eaux polluées. Mais d'autres phénomènes physiques ou chimiques jouent un rôle crucial dans les soins du corps et la santé : ce sont ses extraordinaires capacités d'absorption et... d'adsorption ! D'elles dépendent la qualité et les vertus thérapeutiques des argiles.

Deux propriétés différentes à ne pas confondre :

l'absorption

C'est l'effet « éponge » : comme l'argile retient l'eau, elle a aussi la capacité d'absorber d'autres molécules indésirables telles que toxines solides ou liquides, gaz ou odeurs. Voulez-vous faire un simple test pour être définitivement convaincu ? Déposez une soucoupe remplie d'argile dans le réfrigérateur : elle désodorise en absorbant rapidement les odeurs désagréables. Une argile appliquée sur la peau attire à elle les déchets, c'est comme ça qu'elle est capable de vider un abcès et de résorber les inflammations.

Sur le même principe, un peu d'argile prise par voie interne produira un phénomène semblable en pompant les gaz et en réduisant les flatulences du système digestif, ce qui explique que son utilisation est très bénéfique pour les problèmes intestinaux. Dans la famille des argiles, l'attapulgite a le plus fort pouvoir d'absorption des liquides, il atteint 40 % de son poids.
Pour l'illite, il s'élève à 25 % et pour la montmorillonite à 20 %.

L'adsorption, c'est la capacité de l'argile à attirer et à piéger certaines substances : bactéries, agents pathogènes... L'argile est chargée en ions qui créent une attraction électrique. Grâce à ce phénomène, elle agit comme un aimant. L'argile est majoritairement chargée négativement, tandis que les molécules pathogènes sont généralement chargées positivement. Par liaison électrique, l'argile attire à elle et capte les toxines, qu'elle emprisonne littéralement au sein de ses milliers de feuillets superposés. En parallèle, l'argile libère ses minéraux. Ces actions par liaisons électriques rendent l'argile vraiment performante sur le plan thérapeutique.

L'argile n'a pas à proprement parler d'activité anti-bactérienne (bien que des études récentes soient en train de démontrer son efficacité sur certaines bactéries... Il reste encore beaucoup à explorer dans le monde des argiles !), pourtant de cette façon, elle neutralise de façon remarquable virus, bactéries et autres molécules indésirables. Elle est vraiment efficace car son mécanisme d'action est non pas chimique (comme les médicaments classiques), mais physique. Fait merveilleux : les échanges ioniques opérés entre l'argile et l'organisme visent à restaurer un équilibre, ils se produisent de façon à faire diminuer une trop forte concentration et, ainsi, selon la nature des ions échangés, l'harmonie se rétablit. Il semble bien que l'argile agisse complètement dans le sens de l'homéostasie.
Ce processus est parfaitement indiqué pour rétablir l'équilibre de la flore intestinale par exemple, capturant les toxines pour ensuite les évacuer avec le transit, tout en épargnant les bactéries amies de l'organisme. La capacité d'adsorption varie selon la nature de l'argile.

Les smectites ont, par exemple, le plus fort pouvoir adsorbant, de 80 à 150 mEq/100 g. On considère qu'il est de 60 mEq/100 g pour une montmorillonite.

De ces propriétés principales découlent directement les capacités dépuratives et régénérantes des argiles.

Les différentes argiles

La nature offre plusieurs variétés d'argile, comment les distinguer ?

La couleur des argiles varie du brun au vert, en passant par le blanc, l'ocre ou le jaune, et même le bleu pour celles qui proviennent des fonds marins. Elle dépend en réalité de sa composition en minéraux.

Les oxydes métalliques, et essentiellement le fer, agissent comme des pigments et colorent les terres :

- un oxyde de fer à l'état ferreux donne une coloration allant vers le vert ou le gris ;
- un oxyde de fer à l'état ferrique ou un oxyde de cuivre donnent une argile d'un rouge plus ou moins prononcé ;
- un sulfate de fer apporte une coloration noire à l'argile ;
- un oxyde de manganèse donne une couleur tirant vers le violet.

Cependant, la couleur n'est pas le critère déterminant, car on peut trouver des argiles de couleur identique, mais de provenance et de qualité variables. Par conséquent, elles donneront des résultats thérapeutiques… différents. En parallèle, deux argiles de même type et de même caractéristique peuvent être de deux couleurs différentes. Une montmorillonite présente une structure en feuillets à trois couches : elle peut être verte, jaune ou blanche, mais elle reste toujours une montmorillonite avec une structure identique. Le monde des argiles est réellement d'une grande complexité ! C'est pourquoi, pour distinguer une bonne argile et déterminer ses propriétés spécifiques, les scientifiques se

basent de préférence sur deux critères essentiels :

• La structure des feuillets : l'organisation et le nombre des feuillets permettent d'évaluer la capacité de l'argile à piéger les molécules nocives ;

• La composition chimique : la richesse en sels minéraux et en oligo-éléments permet de déterminer les éléments interchangeables et leur facilité d'échange.

Caractéristiques des principales argiles

La plupart du temps, les argiles extraites des gisements ne présentent pas une variété pure, ce sont plutôt des mélanges complexes. Les variétés listées ci-dessous sont des familles, elles contiennent en général 60 à 80% d'argile prédominante et d'autres argiles en moindre quantité. A cela s'ajoutent parfois d'autres éléments apportés par la nature (sable, calcaire...), ainsi que des traces de matières organiques, le tout formant un mélange naturel.

Cette complexité potentialise le pouvoir de l'argile, à condition de s'assurer de sa qualité 100 % naturelle et de déterminer sa composition exacte.

Comment reconnaître les argiles appropriées aux soins thérapeutiques ?

Comme pour tout produit naturel, la qualité est facteur de performance...
Les pouvoirs thérapeutiques de l'argile sont déterminés notamment par son niveau d'adsorption. Une argile est active grâce à sa capacité à fixer et à échanger certains des ions qu'elle possède par d'autres éléments prélevés dans le milieu avec lequel elle est en contact. Le CEC (capacité d'échange cationique) est la mesure qui exprime de façon très précise la quantité de sels minéraux et d'oligo-éléments échangés. Elle se mesure en milliéquivalents pour 100 g d'argile. Cette capacité varie de 10 mEq/100 g pour une kaolinite jusqu'à 80 mEq/100 g pour une smectite.
Les argiles les plus utilisées pour un usage thérapeutique sont majoritairement composées d'illite et de montmorillonite, car ce sont les variétés qui présentent la meilleure capacité d'échange ionique.

Montmorillonite

La montmorillonite tire son nom du gisement découvert au XIXe siècle à Montmorillon, dans la Vienne. Elle fait partie de la famille des smectites.

Elle est constituée de feuillets, chacun d'eux étant composé de trois couches. Une dizaine de feuillets sont nécessaires pour former une seule particule élémentaire. C'est ce qui lui confère une surface d'échanges phénoménale, plus de 700 m^2 pour un gramme d'argile !

Ses possibilités d'échanges cationiques sont très élevées, son pouvoir adsorbant est important, ce qui en fait une bonne argile purifiante capable de piéger efficacement les toxines. C'est une argile idéale pour détoxiquer, mais elle est aussi apte à revitaliser par sa richesse en minéraux. Elle est particulièrement riche en silice et en magnésium.

La montmorillonite est utilisée dans de nombreux domaines : cosmétique, industrie pharmaceutique, épuration des eaux, etc.

Elle convient à tous les types de peau, des peaux grasses aux peaux normales. Elle est reminéralisante et revitalisante. Sa capacité à tapisser parfaitement la muqueuse intestinale et à adsorber les différentes toxines microbiennes en fait l'ingrédient principal de plusieurs médicaments (Bedelix) prescrits pour traiter les colopathies fonctionnelles.

Attapulgite ou palygorskite

L'attapulgite française est une argile extraite de certains sédiments du Vaucluse. Son nom a pourtant une origine lointaine : il vient d'une région du sud des Etats-Unis où cette terre est très abondante. Sa structure spéciale à base de fibres lui donne des propriétés particulières.

Elle possède un excellent taux d'absorption des liquides ou des gaz, de l'ordre de 200 % de son poids. C'est ce qui la rend très attractive pour désodoriser... les litières pour chats !

Elle a aussi de bonnes qualités d'adsorption. Elle est plutôt riche en magnésium.

L'attapulgite est souvent utilisée comme pansement au niveau de l'estomac ou pour se combiner aux toxiques des intestins afin de les neutraliser. Elle a donné naissance à un anti-diarrhéique vendu en pharmacie : l'Actapulgite.

Illite

L'illite est sans doute la variété d'argile la plus commune en France et elle est très répandue partout dans le monde. Elle tire son nom de l'état de l'Illinois aux

Etats-Unis, où elle a été décrite pour la première fois. Elle est polyvalente et c'est l'une des argiles les mieux connues, car son action a été validée par des études scientifiques, notamment son pouvoir inhibiteur sur des bactéries pathogènes comme la listeria, le staphylocoque doré ou le candida albicans.

Sa structure est faite de couches de 3 feuillets, son pouvoir d'absorption est plutôt élevé, ce qui la rend très intéressante pour faire dégonfler des oedèmes ou pour des applications sur des traumatismes, entorses, etc. De plus, elle couvre bien et adhère facilement à la peau.

Elle est plus particulièrement riche en potassium et son pouvoir d'adsorption est plutôt moyen, mais elle agit en profondeur.

Kaolinite

Son nom vient du chinois et fait référence à la matière première utilisée pour réaliser de délicates porcelaines. Elle est cependant très courante partout dans le monde. La kaolinite présente une structure à deux couches de feuillets en forme de spirale.

Sa capacité d'échange cationique est faible, elle est peu absorbante, et elle comporte du calcium.

La kaolinite présente un pouvoir couvrant élevé, et c'est sûrement l'argile la plus douce, car elle contient peu de minéraux. Au niveau thérapeutique, elle fait un remarquable pansement gastro-intestinal : on l'utilise dans les cas d'ulcère ou de remontée acide, d'autant plus qu'elle joue un rôle hémostatique et cicatrisant important pour la paroi du tube digestif. Elle est aussi recherchée pour soulager les gaz et les états inflammatoires intestinaux.

Elle peut se montrer sous différentes couleurs : blanche, rose ou jaune, mais elle convient toujours parfaitement aux soins des épidermes sensibles, secs ou fragiles, ou à l'hygiène des cheveux secs et dévitalisés.

Extraction de l 'argile

L'argile est abondante et des gisements nombreux sont exploités dans plusieurs régions de France, certains à ciel ouvert, mais le plus souvent ils se situent en profondeur. Dans les sols, à l'état naturel, l'argile ne présente pas une variété pure, mais un assemblage complexe de différentes familles ainsi que d'éléments organiques. Les argiles à dominante kaolin sont plutôt courantes, les autres familles un peu plus rares. Lorsqu'un site est repéré par les géologues, des échantillons sont prélevés sur les veines exploitables pour être analysés par diffractométrie aux rayons X, analyse nécessaire pour identifier la composition minéralogique exacte des argiles.

La sélection des veines exploitables doit répondre à des critères exigeants : la composition des argiles bien sûr, mais aussi sa régularité pour être certain de garantir une qualité constante au fur et à mesure de l'exploitation. La protection de l'environnement impose également des contraintes particulières afin de ne pas dénaturer les sites : le travail en cascade plus respectueux de la nature, mais surtout l'obligation légale de remettre en état une carrière en fin d'exploitation, autrement dit, reboiser, replanter de l'herbe, etc. Il s'agit de reconvertir le site pour lui offrir une seconde vie !
L'argile est extraite mécaniquement avec des pelles. Elle subit ensuite des opérations pour l'épurer et l'affiner : elle passe au travers d'un épierreur pour en supprimer les parties dures, puis par différentes étapes de concassage et d'émiettage, avant d'être séchée puis transformée en granulés.

Dans la tradition, l'argile était exposée et séchée au soleil, mais le soleil ne permet d'enlever qu'une partie de l'humidité et surtout l'argile stockée à l'air libre n'est pas à l'abri de contaminations microbiennes (excréments d'animaux par exemple). La granulation est alors plus grossière. Si l'on ajoute la pollution atmosphérique plus présente, les poussières...
Les normes bactériologiques plus astreignantes rendent cette pratique ancestrale difficile à opérer, quelques exploitants la perpétuent, mais l'argile que vous achetez est le plus souvent séchée au four et travaillée en circuit fermé.

Où se procurer de l'argile ?

Plus besoin d'aller creuser la terre avec vos mains, d'autant plus qu'il est difficile de savoir dans quelle mesure le lieu a été pollué ou non.

L'argile absorbe tout, les impuretés de l'atmosphère et celle des sols : préférez acheter une argile microbiologiquement pure et préparée dans les règles de l'art par des professionnels.

L'argile est en vente en pharmacie, parapharmacie, magasin de

produits naturels et sur internet. Elle se présente sous des formes différentes pour s'adapter à tous les besoins. Votre choix dépend de l'utilisation que vous voulez en faire.

L'argile verte (montmorillonite et illite le plus souvent) est la plus courante et la plus utilisée pour les soins thérapeutiques, les argiles de couleur (jaune, rouge, rose) sont de magnifiques alliées des soins de la peau, tandis que l'argile blanche (kaolinite), plus douce, peut être utilisée tant en cosmétique que par voie interne.

Conseils d'achat

Si vous ne savez quelle argile choisir, préférez les argiles vertes, illite ou montmorillonite, qui sont puissantes par leur teneur en minéraux et également polyvalentes. La kaolinite (l'argile blanche), plus douce, est moins active.

Vérifiez la composition des produits que vous achetez. Sur les paquets d'argile brute ou en poudre, il ne doit y avoir qu'un seul ingrédient mentionné : l'argile. Sur les tubes ou pots de pâte d'argile, seuls deux ingrédients sont nécessaires : l'argile et l'eau. Et ce devrait être tout !

Fuyez les produits avec ajouts d'actifs supposés enrichir l'argile. Le mieux est souvent l'ennemi du bien…

Argile concassée

L'argile séchée est simplement broyée en morceaux. Elle est déconseillée pour les soins cosmétiques ou la voie interne.

Argile surfine ou ultra-ventilée

L'argile séchée et broyée finement est de plus ventilée pour éliminer le sable, ne laissant qu'une poudre formée de minuscules particules. Selon leur taille, on obtient de l'argile surfine (particules généralement inférieures à 70 microns) ou de l'argile ultra-ventilée (particules généralement inférieures à 20 microns).

L'argile en poudre est idéale quand on souhaite l'absorber, c'est la seule forme préconisée pour les cures par voie interne. C'est aussi l'argile destinée aux soins cosmétiques.

Tube ou pot d'argile prêts à l'emploi

La pâte d'argile déjà préparée s'avère particulièrement simple à utiliser, elle est 100 % naturelle et sans conservateur. Idéale pour les déplacements comme à la maison, réservez-la aux applications externes : cataplasme ou masque de beauté. Elle se conserve très bien et rend de nombreux services.

Bande d'argile verte

Rapide à poser en cas de traumatisme, elle est très pratique. Les bandes de coton sont recouvertes d'argile, elles se découpent facilement pour s'adapter à vos besoins. Il suffit ensuite de la tremper dans l'eau, de l'égoutter avant de l'appliquer à même la peau sur la zone à traiter. Elle peut être utilisée également au jardin comme insecticide en la posant sur le tronc d'un arbre ou sur des plants, ou encore pour soigner les animaux, chien, chat ou cheval.

Cataplasme d'argile verte

Les cataplasmes en sachet sont prêts à l'emploi. Il faut laisser tremper un sachet dans l'eau tiède pendant 5 à 7 mn, l'égoutter quelques secondes et l'appliquer sur la zone à traiter.

Coussin d'argile

Prêt à l'emploi, le coussin doit être placé 5 mn dans de l'eau avant d'être appliqué sur la zone à traiter.

L'argile se stocke à l'abri de l'humidité, des solvants toxiques et des émanations. Avec quelques précautions de bon sens, vous la conserverez très longtemps en évitant toute contamination avant de l'utiliser.

L'argile pour votre santé

Depuis toujours, les richesses de la terre règnent sur l'équilibre de l'homme. Faire confiance aux éléments de la nature et adopter l'argile, c'est s'engager sur la voie d'une thérapie efficace, dénuée d'effets secondaires nocifs, fondée sur le discernement et l'harmonie. Cette vision de la santé prend racine dans l'éducation au respect des équilibres naturels, qu'ils concernent le corps de l'homme ou celui de la planète. Une alimentation saine, l'exercice physique et la recherche d'une harmonie émotionnelle constituent les piliers de la santé et les mettre en oeuvre au quotidien représente la meilleure des préventions.

En complément, faire appel aux richesses du règne minéral (les argiles) ou du règne végétal (les plantes) renforce l'organisme, le stimule ou le purifie, et facilite la résolution de nombre de problèmes.

L'argile a parfois une action directe, mais le plus souvent, elle aide l'organisme à surmonter une difficulté, elle stimule ses ressources naturelles pour ramener l'équilibre et c'est l'organisme qui se guérit lui-même et restaure ses fonctions normales. Parmi les effets remarquables et immédiatement perceptibles : le bien-être apporté par l'argile, son contact sur la peau particulièrement agréable et qui favorise un état de détente. On ressent la même chose quand elle est absorbée, un apaisement peut être également perceptible, même si certains reconnaissent aussi que l'argile entraîne parfois un état de fatigue ou de nervosité, car elle sollicite les forces vitales de l'organisme, elle peut rendre plus actifs et sensibles certains organes. Ces sensations sont le signe de l'impact de l'argile et des multiples processus en chaîne qui se font au sein du corps pour réharmoniser les fonctions biologiques. Le repos est souverain pour obtenir un mieux-être, il favorise toutes les fonctions de régénération, ainsi il est toujours recommandé durant les applications et les cures d'argile de limiter ses activités et de favoriser les moments de détente et de sommeil.

Entretien avec Jade Allègre Présidente de l'association L'Homme et l'Argile, un réseau humanitaire très actif.

Quelles sont les activités de l'association L'Homme et l'Argile ?

Nous effectuons des missions de soins de santé auprès de populations démunies, sur les cinq continents. Bien utilisées, les argiles sont efficaces pour soigner les infections internes et externes, les affections digestives, les problèmes de peau et d'articulation. Elles peuvent décontaminer l'eau de boisson - et notre corps - de bactéries, de virus, de certains parasites, et de nombreux toxiques chimiques, tels que certains poisons radioactifs. L'argile est gratuite et peut se récolter partout, même sous un bidonville. C'est appréciable lorsque l'on est trop pauvre pour acheter les médicaments modernes. L'association L'Homme et l'Argile collecte (bases de données médicales et anthropologiques, tradition orale, protocoles expérimentaux), vérifie et diffuse toutes les informations concernant l'utilisation médicale des argiles. Tous nos experts en France et/ou en mission sur le terrain travaillent gratuitement.

Quelle mission l'association a-t-elle effectuée récemment ?

Au Bénin, dans la région de Tanguiéta, nous avons collaboré avec les médecins et infirmiers d'un service de pédiatrie et soigné chez les enfants de quelques mois à 14 ans des plaies infectées (escarres, brûlures, et morsures de serpents) en utilisant exclusivement les argiles et le chou. Les patients et leurs familles sont invités à participer aux soins, afin qu'ils puissent emporter ce savoir à la maison et soigner à leur tour les proches... et les voisins. Une mission se fait en trois temps : d'abord, notre bénévole plonge en immersion dans la population locale, vivant, mangeant et dormant dans les familles. Puis, il ou elle diffuse nos protocoles spécifiques permettant de soigner telle ou telle affection, selon les besoins médicaux sur place. Enfin, nous recherchons et étudions les gisements d'argile disponibles dans un rayon d'une cinquantaine de kilomètres, parce que notre ligne de conduite est toujours de favoriser l'autonomie de ces populations. Cela peut aboutir pour eux à une micro-économie de récolte, conditionnement et vente d'argiles locales pour les soins... L'un de nos impératifs est de respecter à tout moment la culture locale : nous les questionnons sur leurs usages anciens des argiles (après avoir étudié les données ethnographiques), nous partageons avec eux nos connaissances, puis ils assimilent le tout et font leurs choix.

Depuis une trentaine d'années, vous vous passionnez pour les argiles, vous les connaissez très bien, qu'est-ce qui vous y a conduite ?
Jeune adulte, je n'avais ni argent ni couverture sociale. Avec peu de moyens, à l'écart du circuit médical classique, il fallait trouver des solutions pour ma santé. Une amie m'a parlé de l'argile, j'ai essayé, et j'ai vu que ça marchait ! L'argile est très polyvalente, elle est - ou a été - utilisée par tous les peuples de la planète... et par les animaux. Même si actuellement notre réseau médical est très efficace, nous ne sommes pas à l'abri d'intempéries ou de bouleversements économiques et sociaux. Connaître - et enseigner à nos enfants - des solutions d'appoint faciles avec des produits que l'on aura toujours sous la main, c'est indispensable et c'est rassurant. Quelles que soient les circonstances, ils seront à l'abri.

Quelle est l'argile à utiliser en priorité ? Comment la choisir ?
Pour les argiles à boire, la meilleure façon de procéder est de faire une «dégustation», tel que nous l'organisons lors des stages animés par notre association. Achetez, sans choisir, toutes les argiles en poudre que vous trouverez dans les pharmacies et magasins diététiques près de chez vous. Prenez-les toutes, les vertes, les blanches, les rouges, les jaunes...
Préparez ensuite des verres à demi emplis d'eau, et versez en pluie une demi-cuillerée à café de chaque argile à tester. Laissez reposer une dizaine de minutes, puis mélangez avec une cuillère en bois ou en plastique alimentaire (jamais avec du métal), et buvez quelques gorgées de chaque verre en alternance. Prenez votre temps, sentez, appréciez le goût et écoutez les réactions du corps. Certaines argiles vont vous apaiser, d'autres vous tonifier, certaines vous charmeront, d'autres auront peut être un arrière-goût désagréable ...

Chacun de nous a une sensibilité particulière qui s'accorde avec une argile particulière ! Les argiles vertes ont généralement une action plus globale et plus puissante sur l'organisme, mais nos propres besoins peuvent nous orienter, temporairement ou définitivement, vers d'autres espèces minérales. N'étant pas subventionnée, l'association L'Homme et L'Argile s'autofinance en animant des stages sur l'argile et les techniques de survie, à Paris chaque année en juin, mais également en province à la demande.

Retrouvez les prochaines dates sur :
http://lhomme.et.largile.free.fr
Jade Allègre est l'auteur de
Survivre en ville ... quand tout s'arrête,
un petit manuel qui explique
comment trouver de l'eau potable,
manger et se soigner en toutes circonstances
et en situation d'urgence.

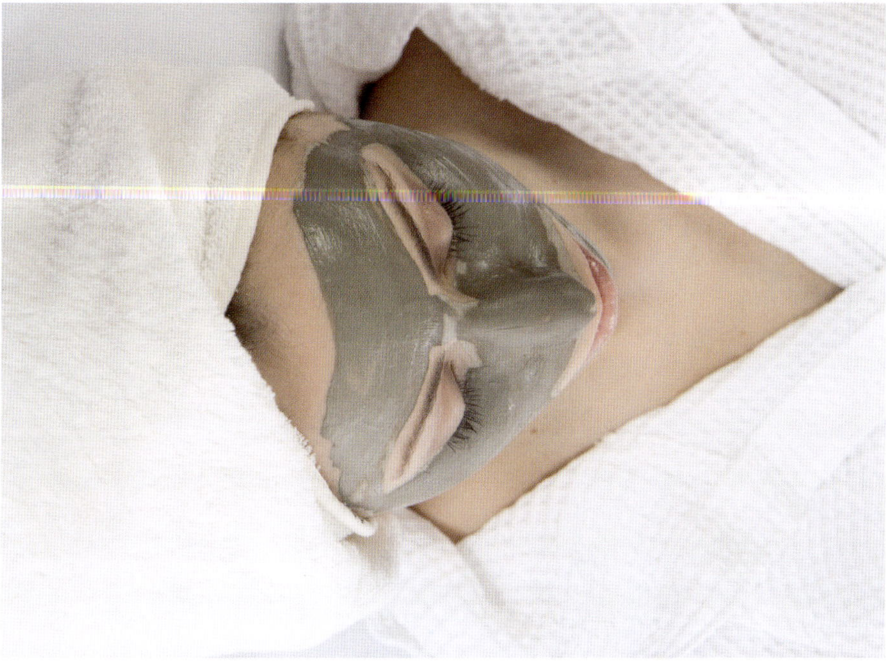

Ce que l'argile peut faire

Elle peut faire tellement pour vous ! En employant l'argile qui vous convient, en respectant le mode d'application et sa durée, vous trouverez des solutions efficaces à des problèmes de santé très variés.

Les qualités d'argile sont diversifiées, il faut parfois tâtonner pour trouver celle qui vous convient. Les résultats sont souvent spectaculaires, mais armez-vous de patience dans certains cas. Même s'il n'y semble pas au premier abord, soyez certain que l'argile agit toujours.
D'ailleurs, son utilisation n'est pas anodine, suivez attentivement les conseils indiqués.

Aujourd'hui, la connaissance scientifique est suffisante pour amener des explications à beaucoup des effets positifs de l'argile dans le domaine de la santé, mais de nombreux points restent encore mystérieux : l'argile est complexe, elle représente tout un monde et ne se laisse pas aisément décrypter. Néanmoins, même si certaines de ses propriétés restent encore difficiles à déchiffrer, les résultats sont pourtant bien tangibles, alors pourquoi s'en priver ?

En application locale, l'argile est :

• **Antiseptique** : c'est un excellent stérilisant naturel, elle a un effet « barrière » sur la peau, elle nettoie les micro-organismes et empêche le développement des agents pathogènes tout en respectant les tissus sur lesquels elle est appliquée. Son action est sélective, car elle n'agresse pas les tissus environnants ;

• **Cicatrisante** : la présence de silice, d'aluminium et de zinc explique cette propriété. L'argile régénère les tissus et favorise la reconstruction cellulaire, effaçant à une vitesse surprenante plaies et cicatrices ;

• **Antitoxique** : l'argile draine les impuretés, elle peut être appliquée sur les abcès et toutes les plaies, même celles qui sont purulentes. Elle attire à elle et absorbe tous les poisons ou toxines présents dans l'organisme pour les faire sortir ;

• **Décongestionnante** et désinfiltrante : l'argile absorbe et réduit les hématomes, les oedèmes et les lésions diverses ;

• **Anti-inflammatoire et antalgique** : l'argile fixe et neutralise les toxines liées aux processus inflammatoires, elle a ainsi une action sédative sur les douleurs locales ou générales, qu'elles soient d'origine inflammatoire ou traumatique ;

• **Hémostatique** : l'argile stimule différents facteurs sanguins, elle agit ainsi positivement sur le temps de la coagulation ;

• **Désodorisante** : l'argile absorbe les gaz et les molécules nauséabondes ;

• **Antifongique** : l'argile bloque la prolifération de certains champignons.

Prise par voie interne, l'argile démontre quantité de vertus thérapeutiques. Elle est :

• **Tonifiante et rééquilibrante** : grâce à la présence de minéraux comme la silice, le fer, le potassium, le magnésium, ou encore le zinc, l'argile permet à l'organisme de retrouver son équilibre. Elle active les facteurs métaboliques qui restaurent les défenses naturelles ;

• **Antiparasitaire et antimycosique** : l'argile facilite l'évacuation des levures et parasites, tels que les amibiases, les oxyures, etc. ;

• **Antidiarrhéique, anti-infectieuse et grande régulatrice intestinale :** l'argile est une alliée très précieuse des intestins, elle absorbe les gaz et les toxines et régule le transit.

• **Cicatrisante et antihémorragique** : l'argile a un fort pouvoir couvrant des muqueuses du tube digestif qu'elle protège, mais elle raccourcit également le temps de coagulation et régénère les tissus, c'est pourquoi son action est remarquable dans les cas d'ulcères ou de rectocolites hémorragiques ;

• **Anti-inflammatoire** : par son pouvoir adsorbant, l'argile entraîne une diminution notable des inflammations et des douleurs ;

• **Bactériostatique et bactéricide** : l'action de l'argile est complexe. La plupart des bactéries ne sont pas directement détruites, comme ce serait le cas avec un antibiotique, pourtant elles semblent neutralisées et inactives, car l'argile les emprisonne et bloque ainsi leur multiplication.
Cela s'avère particulièrement intéressant dans la mesure où de nombreux germes sont résistants à plusieurs antibiotiques... Son efficacité bactéricide a été aussi démontrée par des études cliniques sur certains germes comme Escherichia coli, le staphylocoque doré ou la salmonelle.

L'argile présente une action complète sur la fonction digestive et sur l'épiderme, mais ce serait dommage de la cantonner à ces indications, car son usage traditionnel a montré qu'elle est

également active pour bon nombre d'infections, des maux de gorge aux sinusites, en passant par les infections urinaires, pulmonaires ou la reconstruction osseuse.
Elle agit comme un puissant régénérateur sur tous les organes et sur les fonctions du corps.

Ce qui est merveilleux avec cette substance naturelle, c'est qu'elle possède une action sélective, elle inhibe le développement des germes pathogènes, mais sans porter atteinte aux éléments sains. Elle fait même mieux : elle soutient les processus de guérison en favorisant la régénération cellulaire. Voilà qui fait toute la différence avec un médicament, produit chimique de synthèse mort, qui a une action très ciblée, un point c'est tout. Enfin, pas tout à fait, car les effets secondaires des médicaments vont de pair avec leur efficacité thérapeutique alors que l'argile est réellement un revitalisant profond en affinité parfaite avec l'organisme. La nature est là depuis des millénaires et aide l'homme à vivre. L'argile s'est formée et enrichie au contact des forces vives des éléments naturels : elle est extraite de la terre, véhiculée par l'eau, exposée aux intempéries, au soleil et à l'air. Quand vous l'employez, ce sont aussi ces énergies vitales que votre corps capte, ses effets dépassent nettement la simple activité de ses composants...

Comment l'utiliser

Où que vous soyez, l'argile peut vous aider, pour les petits comme pour les gros bobos. Que vous soyez chez vous ou au bureau, parti faire une balade en forêt, une randonnée à la montagne ou en voyage à l'autre bout du monde, elle est toujours indispensable.

Usage externe

En usage externe, l'argile est préparée sous forme de cataplasme, de compresse ou de lavement. C'est ainsi qu'elle est la plus couramment employée.

> *Cataplasme*

On utilise les cataplasmes d'argile pour des soins locaux ou pour effectuer un drainage général de l'organisme.
Des cataplasmes tout prêts existent, mais ils sont très faciles à confectionner vous-même. Avant de commencer leur préparation, veillez à suivre les règles d'hygiène élémentaires, vous éviterez ainsi toute contamination avec des micro-organismes car, souvenez-vous, l'argile absorbe tout, ce

serait bien dommage d'appliquer une argile déjà souillée. Lavez-vous soigneusement les mains et utilisez pour sa préparation des ustensiles tout aussi propres.

Préparation de la pâte d'argile
Préparez le cataplasme au moyen d'argile concassée ou en poudre :

• Avec de l'argile concassée (en morceaux) : remplir un récipient en verre, en porcelaine ou en grès avec l'argile, recouvrir d'eau de source. Surtout, ne remuez pas et laissez reposer au moins 1 h. Posez un linge sur le récipient.
L'argile va absorber l'eau et se dissoudre, formant une pâte souple. Le mélange s'opère tout seul. Ne craignez pas d'en faire trop à la fois, vous aurez votre pâte prête pour plusieurs applications.
Remarque : en général, il suffit de recouvrir les morceaux d'argile à fleur d'eau. Si le résultat vous semble trop liquide, saupoudrez d'argile en poudre. A l'inverse, si la pâte est trop compacte, ajoutez un peu d'eau et mélangez.

• Avec de l'argile en poudre, la préparation est plus rapide. Préparez une pâte d'argile en ajoutant petit à petit de l'eau de source à l'argile, remuez pour former une pâte homogène. Vous pouvez l'utiliser immédiatement.

La pâte doit être lisse et homogène, souple et onctueuse, pas trop pour ne pas couler quand vous la poserez sur la peau, sans être trop épaisse non plus.

Ce qu'il ne faut pas faire

• Ne pas utiliser de récipient en cristal ou en métal pour préparer l'argile, éviter le plastique.
• Ne pas mélanger l'eau et l'argile concassée, cela réduit le phénomène d'éponge et rend l'argile collante. Il faut laisser simplement les morceaux d'argile absorber l'eau et se déliter tout seuls.

Préparation du cataplasme

La taille : le cataplasme doit couvrir et dépasser largement la zone à traiter, au moins sur 1 à 2 cm. L'épaisseur de la pâte d'argile : 2 cm au moins. Moins épais, le cataplasme risque de sécher trop vite. Prévoir un support plus large que la taille du cataplasme pour y déposer l'argile à l'aide d'une spatule ou d'une cuillère en bois. Choisissez :

- un tissu propre en matière naturelle (coton, lin, laine, soie), un vieux gant de toilette mouillé et parfaitement essoré fait très bien l'affaire ;
- ou du papier type essuie-tout: en double épaisseur pour qu'il soit plus solide ;
- ou une feuille de chou vert lisse qui a l'avantage de préserver l'humidité de l'argile. Pour préparer votre feuille de chou, ôtez les grosses nervures, écrasez au rouleau à pâtisserie, elle est prête à recevoir l'argile.

Replier les quatre coins pour manipuler le cataplasme.

Remarque : Dans certains cas, pour ne pas fatiguer un organisme affaibli ou pour éviter des réactions trop étendues, on peut avoir besoin de commencer en douceur en appliquant de petits cataplasmes plus minces. C'est le cas notamment quand les cataplasmes sont à appliquer en regard d'un organe vital (foie, coeur, reins...) ou sur une zone irritée.

Puis, en tenant compte de la tolérance propre à chacun, augmentez progressivement la taille ainsi que l'épaisseur des cataplasmes.

Ce qu'il ne faut pas faire

- Ne pas utiliser de cuillère ou d'ustensile en métal oxydable pour manipuler l'argile.
- Eviter d'utiliser un linge en fibres synthétiques pour servir de support à la pâte d'argile.

Température du cataplasme

L'argile peut être utilisée froide ou tiède, selon le problème traité. Dans les cas de fièvre, de déchirure, d'inflammation ou de congestion, l'argile est appliquée froide de façon à ce qu'elle puisse absorber la chaleur de l'inflammation et rafraîchir le corps.

Si le cataplasme est utilisé pour tonifier un organe déficient (estomac, foie, reins...), l'argile s'applique tiède, afin de ne pas solliciter l'énergie de l'organe pour réchauffer l'argile. Pour stimuler la reconstitution osseuse et pour son emploi sur la colonne vertébrale, l'argile est également appliquée tiède.

En résumé, c'est simple : on met de l'argile froide sur un endroit du corps rouge et chaud, et de l'argile tiédie sur une zone affaiblie qui a besoin d'être tonifiée.
Remarque : Lors de l'application de cataplasmes froids, une sensation de chaleur et de bien-être doit survenir quelques minutes après l'application. Si l'impression de froid persiste, cela signifie que le corps est trop affaibli et qu'il s'épuise. Mieux vaut alors tiédir le cataplasme.

Ce qu'il ne faut pas faire

Ne persistez pas si une sensation de froid, de malaise ou de gêne apparaît. Faites une pause et attendez 12 à 24h avant de faire une autre application. Dans tous les cas, le cataplasme doit soulager

Comment chauffer un cataplasme

On utilise une source de chaleur douce pour faire tiédir le cataplasme et atteindre une température proche du corps, entre 37°C et 40°C :

• au soleil : la meilleure source de chaleur et de vie sans aucun doute ! L'énergie bénéfique du soleil enrichit l'argile et la régénère ;

• au bain-marie : déposez le cataplasme dans le panier au-dessus d'une casserole d'eau bouillante, surveillez pour que l'argile ne se dessèche pas ;

• sur un radiateur.

Ce qu'il ne faut pas faire

• Ne pas chauffer l'argile brutalement, elle risquerait de « cuire », son réseau de minéraux serait détruit et elle perdrait ses qualités thérapeutiques.

• Ne pas utiliser de four à micro-ondes qui dénaturerait la structure de l'argile.

• Ne chauffer que le cataplasme à utiliser immédiatement, et non pas le reste d'argile qui servira pour la suite des soins.

Poser le cataplasme

- Posez la pâte d'argile directement en contact avec la peau, faites-la bien adhérer en appuyant dessus.
- Enveloppez le cataplasme avec un bandage ou un linge, ou encore fixez-le à l'aide d'un sparadrap pour le maintenir en place.

Ce qu'il ne faut pas faire

- Ne pas utiliser de plastique pour entourer le cataplasme.
- Ne pas traiter plus d'un organe principal à la fois, par exemple évitez de couvrir à la fois la zone du foie et celle de l'estomac. L'argile est active, les réactions parfois importantes, vous risqueriez de surmener votre organisme.
- Evitez de poser un cataplasme sur le bas-ventre pendant la durée des règles, sauf en cas de fièvre.

Remarque : si l'application est sur le cuir chevelu, une partie du corps recouverte de poils ou une peau trop fragile (sur la paupière par exemple), vous pouvez avoir besoin de poser un tissu de gaze entre l'argile et la peau. Mais hormis ces cas, le contact direct est toujours préférable pour faciliter les échanges entre l'organisme et l'argile.

Durée du cataplasme

La durée d'application est très variable, elle dépend du problème à traiter et des réactions propres à chacun. On peut laisser le cataplasme en place d'une quinzaine de minutes à toute une nuit s'il est bien supporté.

Pour la majorité des indications, 2 h constituent une bonne moyenne. C'est le cas par exemple pour les plaies en voie de cicatrisation, les douleurs articulaires ou pour stimuler la reconstitution osseuse. Cependant, dans les cas aigus d'inflammation ou

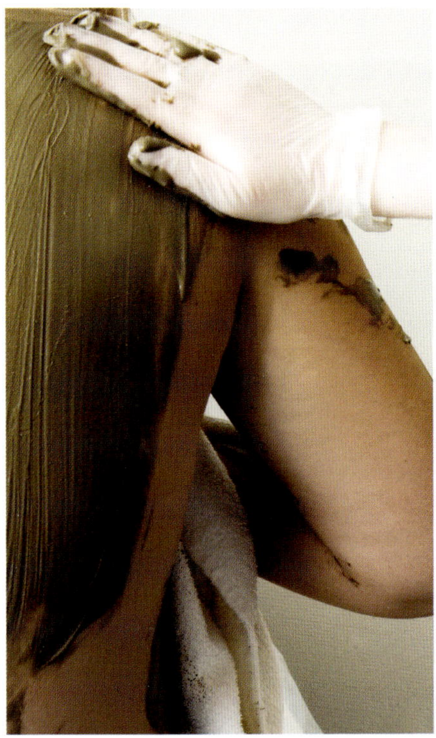

si la fièvre est importante, il peut arriver que le cataplasme se réchauffe très vite. Si c'est le cas, il faut l'ôter et le renouveler aussi souvent que nécessaire. Quand l'argile devient de plus en plus chaude, c'est qu'elle est saturée, elle a absorbé la chaleur, et en quelque sorte le mal : il faut donc l'enlever.

A l'inverse, si l'on ressent une sensation de froid pénible, il faut aussi l'ôter plus rapidement.

Différents signaux vous indiquent que l'argile a fini d'agir et qu'il faut enlever le cataplasme.

Ce qu'il ne faut pas faire

- Ne pas garder un cataplasme qui tiraille ou qui gêne, l'argile n'a plus d'action bénéfique.
- Ne pas laisser l'argile sécher sur la peau.
- Ne pas réutiliser l'argile, elle a absorbé les toxines et doit impérativement être jetée.

Ce peut être quand la sensation de gêne prédomine, ou que vous avez des difficultés à le supporter, ou encore si la douleur qui avait disparu revient. Ou simplement parce que le cataplasme se décolle tout seul, avertissant que l'argile a séché.

Remarque : **l'argile doit toujours rester humide sur la peau**, elle n'est active qu'à cette condition. Les phénomènes d'adsorption ne peuvent se faire qu'en présence de molécules d'eau.

Retirer le cataplasme

- Décollez doucement le cataplasme et rincez à l'eau tiède les éventuels résidus d'argile.
- Si l'argile a séché et adhère à la peau, humidifiez le cataplasme en faisant couler un peu d'eau pour le décoller facilement.
- Séchez la peau à l'aide d'une serviette en coton.

Ce qu'il ne faut pas faire

- Ne pas réutiliser l'argile, elle ne sert qu'une fois !
- Ne pas jeter l'argile dans les canalisations qui risqueraient de se boucher.

Cadence d'application

Les résultats sont plus rapides et plus efficaces si l'on applique de l'argile régulièrement.

La rapidité d'intervention revêt aussi dans certains cas une grande importance.

Les cas d'urgence : brûlures, plaies purulentes, abcès, entorses,

doigts écrasés, blessures ou coupures profondes...
Il est nécessaire alors de renouveler rapidement les cataplasmes sans interruption : laissez un premier cataplasme agir le temps qu'il devienne chaud, en général de 15 à 30 mn, appliquez immédiatement un second cataplasme à laisser en place jusqu'au retour de la sensation de chaleur. Renouvelez et poursuivez le traitement ainsi en fonction de l'évolution, au besoin durant la nuit. Lorsque l'amélioration est sensible (en général après une journée), commencez à espacer la pose des cataplasmes, en fonction de l'évolution de la guérison sur plusieurs jours : vous respecterez un intervalle de 1 h, puis de 2 h, jusqu'à une demi-journée ou une journée.
Si les applications d'argile interviennent rapidement après l'accident, la douleur est bien moindre, les plaies se referment plus vite et ne laissent pas de trace inesthétique, les cloques ne se forment pas sur les brûlures, les ongles des doigts écrasés ne tombent pas, etc. De quoi être motivé !

Les autres cas : en général, un à deux cataplasmes de 2 h par jour, ou plusieurs cataplasmes de 1 h par jour, ou encore un cataplasme à poser toute la nuit.
Le rythme d'application est modulable, généralement un seul cataplasme appliqué chaque jour pendant 2 h est suffisant pour produire des effets sensibles. Si vous choisissez de renouveler plus souvent les applications, les résultats se manifesteront en toute logique plus rapidement, à condition que votre vitalité soit suffisante et que vous réduisiez vos activités pour ne pas surmener votre organisme. Il est important également de tenir compte de vos obligations professionnelles et personnelles, et d'aménager commodément votre emploi du temps de façon à vous donner les moyens de poursuivre des applications régulières. Avec l'argile, le temps de traitement peut être long.

Remarques : Avoir de l'argile en permanence avec soi est une sage précaution. Vous devriez toujours avoir à portée de main un tube de pâte d'argile pour confectionner rapidement un cataplasme, ou encore garder chez vous un récipient avec votre préparation d'argile. Il suffit de laisser reposer l'argile concassée recouverte d'eau, la pâte se conserve très bien. N'oubliez pas de couvrir votre récipient avec un couvercle ou un film alimentaire pour éviter qu'elle se dessèche et qu'elle absorbe les poussières ou les émanations. Si malgré tout vous l'oubliez et qu'elle est toute craquelée, couvrez la surface avec de l'argile en poudre et ajoutez 1 cm d'eau. Laissez agir le temps que l'argile se réhydrate. Au fur et à mesure de vos besoins, vous veillerez à ce que votre récipient soit toujours rempli d'argile prête à l'emploi. L'argile est puissante et mobilise vos forces vitales. Il faut adapter à chacun le rythme et la durée des applications, sinon vous prenez le risque d'épuiser votre organisme, tout le contraire de l'effet recherché !

Durée du soin

D'un à deux jours, jusqu'à plusieurs mois pour un traitement de fond !

Suivant les cas, vous continuerez les applications jusqu'à la guérison complète, la disparition de la douleur ou la cicatrisation totale. L'argile a une efficacité incroyable, il faut poursuivre le traitement avec assiduité.

Réactions

L'argile draine et nettoie puissamment l'organisme. Elle tire vers l'extérieur ce qui empoisonne le corps. Cela peut entraîner des réactions inattendues, mais qui ne doivent pas inquiéter même si elles semblent contraires à l'effet escompté.

Dans les premiers temps des applications, on peut avoir l'impression que le mal empire. Il arrive que des cataplasmes appliqués sur une plaie ouverte agrandissent et creusent davantage la chair. Il arrive également que du pus se forme, que des boutons ou des rougeurs apparaissent, ou encore que des démangeaisons soient difficiles à maîtriser.

Ces réactions sont les signes visibles du nettoyage profond que l'argile opère : elle attire à elle les substances toxiques internes de l'organisme, qui s'acheminent vers la partie du corps qui reçoit les cataplasmes afin d'être évacuées. L'argile agit comme un aimant et les toxines sont

Ce qu'il ne faut pas faire

N'interrompez jamais un traitement que vous avez commencé pour le reprendre quelques jours plus tard. L'argile déclenche des réactions en cascade qu'il serait dommage de suspendre. Vous perdriez les bénéfices acquis, et ce serait usant pour l'organisme, qui devrait se mobiliser à nouveau comme pour prendre un second départ.

Assurez-vous en démarrant votre cure que vous allez pouvoir la mener à son terme.

conduites vers la zone traitée simplement pour pouvoir être éliminées.

Cette apparente aggravation n'est que le témoin de l'activité de l'argile, il faut poursuivre avec persévérance pour que, le drainage opéré et les toxines évacuées, les boutons et démangeaisons désagréables cessent, que les tissus bourgeonnent et que la plaie se referme progressivement jusqu'à la cicatrisation complète.

Si les réactions sont difficiles à supporter, il peut cependant être préférable d'interrompre momentanément les applications d'argile, et d'adopter certaines mesures à même d'aider l'organisme à se nettoyer.

L'avis d'un professionnel de la santé serait utile pour vous guider dans la poursuite du traitement, vous donner les conseils adaptés pour favoriser une élimination en douceur des toxines, en adoptant une alimentation hypotoxique, en pratiquant des diètes ou en apportant l'aide de plantes drainantes.

> Compresse

Les enveloppements avec des compresses d'argile peuvent constituer une grande aide.

On trouve en vente des compresses d'argile toutes prêtes, mais leur réalisation est très aisée.

Comment les préparer

La technique est simple : préparez une boue d'argile (à partir d'argile concassée ou d'argile en poudre) de la consistance d'une crème très liquide. Trempez un linge dedans, sortez-le, égouttez-le quelques minutes.

Le linge reste recouvert d'une fine couche d'argile, vous pouvez alors l'appliquer directement sur la zone à traiter.

Un vieux drap de coton, un torchon peuvent faire parfaitement l'affaire pour réaliser une compresse. Par contre, les serviettes-éponge sont plus lourdes et malcommodes à manipuler.

Comment les appliquer

Les compresses se posent sur la partie à traiter, que l'on recouvre ensuite d'un tissu propre et sec, puis d'une bande ou de sparadrap pour le maintenir en place, et au besoin d'un lainage ou d'une couverture pour réchauffer.

Comme les cataplasmes, les compresses peuvent être utilisées froides pour calmer les inflammations, ou chaudes pour revitaliser un organe ou soulager les douleurs articulaires.

Pour faire une compresse chaude, utilisez de l'eau tiédie pour préparer la boue d'argile.

Les indications des compresses

Les compresses interviennent dans plusieurs cas :

- Certaines dermatoses, plaies purulentes ou contusions : si l'on craint des réactions trop vives de l'organisme, on peut commencer le traitement en appliquant des compresses sur la partie sensible avant de passer aux cataplasmes épais ;
- La nuit, les compresses permettent de poursuivre plus facilement le traitement à l'argile, elles sèchent moins vite et elles n'ont souvent besoin d'être changées qu'une seule fois dans la nuit ;
- Les cas aigus des maladies infantiles éruptives : pour traiter les boutons de varicelle, on peut faire porter à l'enfant une chemise trempée dans l'argile.

> *Poudrage*

L'argile surfine peut remplacer avantageusement le talc pour les bébés.

C'est une alternative naturelle superbe, car les excellentes actions absorbantes, cicatrisantes et antiseptiques de l'argile surpassent celles du talc. L'argile est donc tout indiquée en cas de rougeurs et d'érythème fessier.

L'argile en poudre peut également être saupoudrée directement sur les écorchures superficielles, les blessures et les coupures plus profondes, les dartres, les eczémas, les escarres, etc. En recouvrant la plaie, l'argile désinfecte les tissus et favorise la régénération cellulaire pour accélérer la cicatrisation.

> *Lavements et injections*

Les lavements sont employés pour maintenir en état de propreté les orifices du corps s'ouvrant sur l'extérieur : bouche, narines, vagin, rectum. Ils permettent d'éviter les infections, qui se propagent souvent à partir de ces portes d'entrée et qui peuvent être génératrices de maladies plus profondes.

L'argile fine en poudre enrichit parfaitement l'action purificatrice des lavements. Pour bénéficier de ses propriétés antiseptiques et anti- inflammatoires, on peut se gargariser avec une eau argileuse, se nettoyer les narines avec une lotion enrichie d'argile, procéder à un lavement vaginal pour faciliter la résolution des problèmes gynécologiques ou à un lavement intestinal.

•Bain de bouche ou gargarisme

Préparez une eau argileuse : versez une cuillère à café d'argile surfine dans un verre d'eau. Laissez reposer 1h à 2h. Au moment de l'utilisation, remuez le tout avant de faire un bain de bouche ou un gargarisme. Gardez en bouche ou dans la gorge quelques minutes avant de recracher. En bain de bouche, ce traitement antiseptique est recommandé en accompagnement

de toutes les pathologies buccales ou parodontales, tandis que les gargarismes seront bénéfiques aux angines et aux maux de gorge. Un bain de bouche plus élaboré peut être préparé en ajoutant à l'eau argileuse une pincée de sel marin et deux gouttes d'huile essentielle de giroflier (eugenia caryophyllus).

Enfin, pour une bouche saine et des dents solides, choisissez de fabriquer votre propre dentifrice (voir recette dans la partie soin d'hygiène)... à base d'argile naturellement !

• **Nettoyage des narines** :

préparez un mélange avec un

demi-verre d'eau tiède additionné de quelques gouttes de citron et d'une pincée d'argile surfine en poudre. On peut également préparer l'eau argileuse avec du sérum physiologique ou de l'eau de mer.
- Soit vous versez un peu de la préparation au creux de la main, vous bouchez une narine et vous respirez le mélange ;
- Soit vous utilisez une pipette pour verser directement le mélange dans la narine en vous penchant de côté.

A répéter plusieurs fois par jour. Ce geste simple pratiqué matin et soir soulage les rhinites, les sinusites aiguës, les allergies saisonnières et prévient les sinusites chroniques. En cas de sinusite douloureuse, ajoutez de petits cataplasmes d'argile sur les ailes du nez et sur le front.

• **Lavement vaginal** : dosez l'argile à raison d'une cuillerée à soupe pour 250 ml d'eau tiède à 37°C. Remuez le mélange. Couchez-vous sur le dos, placez un coussin sous les fesses et à l'aide d'une poire vaginale, injectez la préparation. Gardez la préparation une dizaine de minutes pour une meilleure efficacité. N'abusez pas des lavements, pour ne pas détruire la flore locale qui protège le vagin. A faire une à deux fois par semaine en cas de pertes blanches malodorantes, de mycoses ou d'infections récidivantes. Mais la cause profonde du déséquilibre est à rechercher, car elle se situe probablement ailleurs.

Pour sortir définitivement du problème, un réglage global de l'hygiène de vie est souvent nécessaire.

• **Petit lavement intestinal** : préparez dans un bock à lavement un mélange avec deux cuillerées à soupe d'argile surfine pour 500 ml d'eau tiédie à 37°C. Remuez, accrochez le bock en hauteur et trouvez une position confortable : allongé sur le côté ou à quatre pattes.

Introduisez la canule, et laissez le liquide entrer doucement, gardez quelques minutes. Les lavements de l'ampoule rectale avec de l'eau argileuse nettoient et permettent d'éliminer les toxines qui se trouvent sur la paroi du côlon. Les mouvements réflexes déclenchés stimulent le péristaltisme intestinal et l'exonération des selles. Ce lavement à l'argile est précieux pour drainer et purifier les intestins, il est tout indiqué de le pratiquer régulièrement (une à deux fois par mois) pour une hygiène appropriée et pour conserver un bon état de santé. Il est également conseillé dans les cas de ballonnements, de vers intestinaux, ou encore de constipation, et au début de toute infection, quelle que soit sa localisation. A ne pas pratiquer en cas d'hémorroïdes ou de recto-colite hémorragique, de cancer du rectum ou de l'anus.

> *Comment drainer l'organisme avec des cataplasmes ?*

On peut rechercher l'action dépurative des cataplasmes d'argile pour procéder à un grand nettoyage de l'ensemble de l'organisme. Régulièrement, il est nécessaire pour le fonctionnement optimal de chacun de nos organes de faire une cure de drainage : c'est la meilleure façon de relancer des processus ralentis ou insuffisants. D'ailleurs, quand vous envisagez un traitement à base d'argile, il est très bénéfique de le débuter par une cure de drainage.

Préparation au drainage avec les cataplasmes

Avant de vous lancer dans la cure avec les cataplasmes, des préalables sont indispensables, afin que les différents métabolismes mieux équilibrés puissent fonctionner aisément et que les organes chargés des éliminations, les émonctoires, soient stimulés naturellement.

- Première règle : arrêtez de surcharger l'organisme ! Evitez tout excès alimentaire ainsi que les tensions émotionnelles, de façon à ce que le corps puisse orienter son énergie ailleurs.
- Deuxième règle : stimulez en douceur vos fonctions d'épuration.

Voici comment procéder : deux à trois semaines avant d'entamer le drainage avec l'argile, adoptez une hygiène de vie appropriée, en intégrant par exemple une réforme alimentaire, des temps de repos réguliers, en favorisant un sommeil réparateur ou en pratiquant des bains dérivatifs. Choisissez les mesures adaptées à votre terrain, mettez-les en place en fonction de votre propre tempérament et vous gagnerez en vitalité.
Ainsi, les émonctoires (les organes chargés de filtrer et d'évacuer les toxines en dehors du corps) se trouveront moins embouteillés et vous limiterez les réactions désagréables qui peuvent survenir quand on mobilise trop rapidement les déchets et toxines pour les entraîner à l'extérieur du corps.
Pour compléter cette préparation, prendre de l'argile par voie interne est souvent recommandé (voir recette p.50).

Le drainage avec les cataplasmes

Poursuivez les opérations de nettoyage en appliquant des cataplasmes d'argile sur le bas-ventre. Les toxines en circulation seront ainsi naturellement attirées vers les intestins et la vessie et pourront facilement être éliminées.

Les cataplasmes sont à poser entre le nombril et l'os du pubis, leur épaisseur devrait être d'au moins 2 cm sur une surface de 15 à 20 cm sur 20 à 30 cm. Si possible, mettez-les directement en contact avec la peau, mais vous pouvez placer au besoin une gaze entre la peau et l'argile. Ils peuvent être tièdes ou froids, selon votre tolérance personnelle. Les cataplasmes sont posés loin des repas, 2 h après et 1 h avant.
En période de règles, mieux vaut suspendre les applications, mais les femmes qui apprécient les cataplasmes chauds peuvent poursuivre.

Certains symptômes peuvent apparaître en début de cure (fatigue anormale, insomnie ou nervosité prolongée), mais ils devraient s'estomper rapidement. S'ils se prolongeaient au-delà d'une semaine, la cure n'est pas pour vous. Refaites alors une préparation au drainage.

Vous pouvez aussi réduire la taille du cataplasme ou la durée de pose, ou recommencez par prendre l'eau argileuse par voie interne.
La durée idéale d'une cure est de 21 jours et comprend généralement l'application d'un cataplasme pendant 2 h chaque jour.

Raymond Dextreit, qui a largement diffusé l'utilisation thérapeutique de l'argile, recommande de commencer la cure en alternant deux ou trois cataplasmes froids, pendant 2 à 4 h chaque jour. Puis, au bout de quelques jours, poursuivez avec une seule application de 2 h par jour. Selon les réactions suscitées (c'est le moment de savoir vous écouter !), le rythme et la durée sont à moduler pour que l'organisme en tire tous les bénéfices.

Selon France Guillain, pour un drainage très actif, deux zones sont à solliciter : la nuque et le bas-ventre. Des applications de 2 h sont préconisées, à la fois sur la nuque (la partie creuse du cou) et sur le bas-ventre, pendant 21 jours consécutifs.

Remarque : Mieux vaut se répéter, car c'est important. Avant de démarrer votre cure, assurez-vous que votre emploi du temps vous permet de la mener à son terme : il serait néfaste pour l'organisme de l'interrompre.

Ce qu'il ne faut pas faire

L'organisme est sensible aux saisons, évitez d'entreprendre une telle cure en hiver, quand l'organisme a besoin de toute son énergie pour lutter contre le froid. Les saisons privilégiées demeurent le printemps et l'automne.

Usage interne

Par voie interne, l'argile se prête à des formes de préparation différentes : eau argileuse, lait d'argile ou boulettes à sucer, toutes sont très faciles à réaliser à la maison. Si vous préférez, vous trouverez des gélules à base d'argile en magasin de produits naturels ou en pharmacie.

> Champs d'action

L'argile peut être consommée ponctuellement ou en cure de quelques jours à plusieurs semaines, seule ou en complément à l'application de cataplasmes d'argile.

Elle est indiquée pour des actions très polyvalentes, on dit souvent : «l'argile va là où est le mal ». Vous vous en rendrez compte aisément au cours d'une cure d'argile. C'est étonnant, mais si l'argile agit selon le but recherché, elle ne se contente cependant pas de traiter votre problème direct, elle intervient également sur l'ensemble de l'organisme, selon vos propres besoins. Elle est vraiment talentueuse pour aller là où il faut, tout en respectant vos besoins.

Vous pourrez l'utiliser pour tout ce qu'elle sait faire : drainer, purifier, réparer... Elle sert de pansement naturel interne en couvrant les muqueuses digestives et, grâce à elle, vous soulagez les inflammations intestinales, les ulcères de l'estomac, les fermentations, mais vous aidez aussi votre corps à se nettoyer ou à combattre l'anémie, vous retrouvez de la vitalité, etc. Malgré les nombreuses recherches conduites ces dernières années, la composition de l'argile ou sa structure ne permettent pas encore d'expliquer tous les mécanismes d'action. Pourtant, les résultats sont bien tangibles !

• **Pour purifier et drainer** : aux changements de saison ou en complément aux cataplasmes appliqués par voie externe, l'argile met en mouvement les toxines et facilite leur élimination. Une cure d'argile de trois semaines est souvent recommandée pour nettoyer l'organisme fatigué après les rigueurs de l'hiver et le préparer à bénéficier des énergies toutes neuves du printemps.

• **Pour nettoyer et enrichir le sang** : l'argile est connue pour purifier le sang et activer la coagulation. La consommation d'argile peut être conseillée pour tous les cas d'anémie, en complément d'une alimentation adéquate.
Beaucoup témoignent des effets positifs sur la numération globulaire. Mais c'est aussi la raison qui explique que l'argile est déconseillée en cas d'hypertension artérielle.

• **Pour soulager les diarrhées et l'acidité gastrique** : le pouvoir couvrant de l'argile lui permet de former une excellente protection à la surface de la muqueuse gastro-intestinale. Elle absorbe les molécules toxiques et peut échanger ses minéraux basiques contre les ions hydrogène présents, corrigeant le pH et soulageant l'acidité excessive.
Elle a aussi des propriétés vermifuges et aide à expulser les vers des intestins.

• **Pour remédier aux infections, en particulier digestives** : ulcères, colites, gastro-entérites, intoxications... Elle neutralise les poisons très efficacement (mieux que le charbon qui est pourtant un champion !) et réduit les fermentations, elle favorise la cicatrisation rapide des muqueuses. Mais elle est également efficace sur toutes les infections, par son action antiseptique et adsorbante des virus et bactéries.

• **Pour stimuler les fonctions de l'organisme** : l'argile contient les sels minéraux principaux, mais il est difficile de savoir s'ils sont assimilables directement par l'organisme. Il est plus probable que ses composants bénéfiques interviennent à la façon de catalyseurs dans l'organisme, en favorisant et accélérant les réactions métaboliques : les fonctions biologiques retrouvent une activité harmonieuse.

• **Pour régénérer et revitaliser** : l'argile s'est nourrie au cours de son élaboration des forces régénérantes de la terre, de l'eau, de l'air et du soleil. Elle est comme le corps vivant de la terre, tous les principes vitaux y résident et nourrissent son potentiel énergétique. En contact avec l'organisme humain qui reconnaît de suite ce qui est naturel, elle transmet et restaure l'énergie vitale, éliminant fatigue et asthénie.

Ce qu'il ne faut pas faire

Ne pas absorber de grosses quantités d'argile : c'est inutile, l'argile agit pour rééquilibrer. Misez plutôt sur la régularité et la durée.

Les précautions et les contre-indications

Sous prétexte que l'argile est un remède naturel, il serait faux de penser qu'elle est dénuée de risque. Pour certains spécialistes, il serait préférable d'éviter d'absorber de l'argile trop régulièrement et sur de trop longues périodes. Dans la tradition celtique, les druides qui exerçaient l'art de guérir, affirmaient qu'un homme devait manger au cours de sa vie son propre poids d'argile, pas audelà… Ce qui vous laisse tout de même une certaine marge !

Il est certain que l'argile par voie interne est un remède merveilleux pour calmer les douleurs liées aux inflammations stomacales ou intestinales, et en cure saisonnière pour drainer les toxines et régénérer l'organisme.

En tout état de cause, il est recommandé d'observer les indications qui suivent, de respecter les précautions d'emploi, mais c'est aussi le moment de se placer à l'écoute des messages du corps et d'être vigilant pour détecter les réactions occasionnées par l'argile. L'argile se dépose dans le tube digestif et agit directement là, mais elle s'occupe également de tous les organes qui pourraient être perturbés. Elle semble capable d'intervenir à un stade précoce et de déceler un déséquilibre avant même qu'il ne se transforme en maladie. Elle peut révéler des troubles (douleurs, faiblesses, picotements…) jusque là ignorés. Ils ne doivent pas inquiéter, ce sont les signes du travail qu'elle effectue pour purifier et nettoyer en profondeur, en agissant sur le fonctionnement de l'organe sensible. Au besoin, il peut être avisé
de prendre avis auprès d'un professionnel de la santé et de se faire suivre durant la consommation d'argile.

Pour profiter de tous les bienfaits d'une cure d'argile, adoptez certaines précautions d'usage :

- **Cessez toute ingestion d'huile de paraffine** deux semaines à un mois avant de commencer une cure d'argile et pendant toute sa durée : l'huile de paraffine a pour effet de durcir l'argile et risque de provoquer des boules difficiles à évacuer.

Ce qu'il ne faut pas faire

Par voie interne, vous serez prudent en cas de :

• **Hypertension artérielle** : la consommation d'argile doit se faire de manière progressive, les premiers jours un jour sur deux puis, selon les réactions de l'organisme, vous pourrez poursuivre quotidiennement.

• **Occlusion intestinale** : si vous avez un antécédent d'occlusion intestinale, par précaution, il est plus sage de vous abstenir d'absorber de l'argile. En revanche, l'argile ne crée pas d'occlusion chez une personne qui n'en a jamais fait auparavant.

• **Cancer des voies digestives** : fiez-vous aux conseils de votre médecin, lui seul peut vous recommander ou non la consommation d'argile.

• **Prise de médicaments :** l'argile attire à elle toutes les particules étrangères à l'organisme et elle est tout à fait capable de neutraliser les effets des médicaments. Parlez en à votre médecin et consommez l'argile loin de la prise médicamenteuse. Il en est de même avec les traitements homéopathiques et la pilule contraceptive.

• **Ne pas prendre de traitement médicamenteux lourd** en même temps que la cure d'argile. D'une part, il pourrait y avoir des **interactions nocives,** d'autre part, l'argile capte les toxiques, et elle risque de rendre le traitement inopérant. Il ne s'agit cependant pas d'une règle absolue, cela dépend des traitements.

• **Respectez au minimum un intervalle** de 2 h entre la prise des médicaments et l'absorption d'argile.

• Attention aux femmes qui prennent la **pilule**.

• **Diminuez votre consommation de lipides** : évitez tout excès d'huile, beurre, charcuterie, etc. Conservez seulement un usage raisonnable. Il n'y a aucune interaction négative avec les huiles végétales, cependant, par précaution, certains préfèrent différer d'une demi-heure la prise d'argile et celle de lipides.

• **Hydratez-vous** : buvez suffisamment d'eau dans la journée en dehors des repas.

• Evitez tout contact prolongé entre l'argile et les amalgames dentaires en métal.

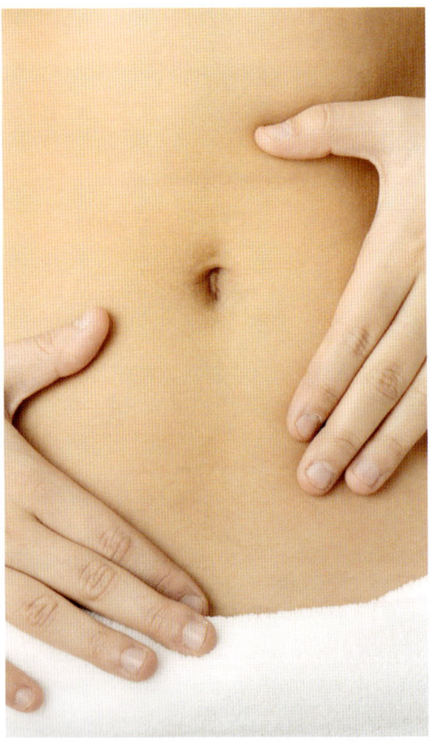

La constipation

Pendant l'ingestion d'argile, restez attentif à votre état intestinal. L'argile déloge les déchets du corps et cherche à les évacuer par les intestins.

Si votre organisme est saturé par des années d'excès, l'argile va tirer toutes les toxines vers les intestins, qui pourraient se trouver encombrés et s'embouteiller. Si votre transit est déjà régulièrement ralenti, il faut être vigilant et veiller à ne pas laisser s'installer une constipation.

• Si les **selles se raréfient** ou si vous pensez être momentanément constipé, surveillez votre transit et consommez uniquement l'eau argileuse (pas de lait d'argile).

• Si vous avez naturellement tendance à être constipé, vous ferez de même et boirez seulement l'eau argileuse. Si tout va bien, au bout de quelques jours, vous pourrez remuer et boire le tout.

• Si les selles cessent, arrêtez toute consommation d'argile. Attendez que le transit reprenne spontanément, c'est ce qui se passe au bout de quelques jours, le temps que l'argile qui couvre le tractus digestif fasse son travail de réparation des muqueuses et d'épuration. Pendant ce laps de temps, l'argile continue à travailler pour vous ! Vous pourrez ensuite reprendre la consommation d'argile, de préférence le matin plutôt que le soir.

Misez en parallèle sur des mesures hygiéniques simples :

• augmentez votre consommation d'eau en dehors des repas ;
• privilégiez les aliments à fibres : fruits et légumes, céréales complètes, légumineuses... ;
• pratiquez au moins 30 mn de marche chaque jour et faites du sport régulièrement ;
• essayez les infusions de plantes légèrement laxatives comme la mauve ou la bourdaine.

> *La cure d'argile par voie interne pour drainer*

Quand vous souhaitez démarrer une cure, relisez les conseils et précautions cités plus haut, ils sont suffisamment nombreux pour que certains aient pu vous échapper... et pourtant il est nécessaire de tous les respecter scrupuleusement pour votre bien-être !
La cure d'argile se propose en général sur trois semaines, puis une semaine d'interruption. Vous pouvez reprendre la cure plusieurs fois de suite jusqu'à amélioration. Vous pouvez aussi choisir de faire une cure de trois semaines à chaque saison ou encore d'effectuer des cures de trois mois (avec une interruption d'une semaine chaque mois) deux fois par an : les possibilités sont nombreuses pour s'adapter au rythme de chacun.

Comment préparer l'eau argileuse ?

Elle se prépare avec de l'argile en poudre, généralement de l'argile verte (montmorillonite ou illite), éventuellement de la kaolinite si vous êtes particulièrement sensible. Vous pouvez choisir de consommer l'eau argileuse à différents moments :

• Le matin au réveil : c'est le moment idéal, surtout si votre transit est ralenti.
• Le soir au coucher
• 1 h avant les repas

Dans tous les cas, même si vous pouvez la boire immédiatement, il est toujours préférable de préparer l'argile à l'avance. La veille au soir ou quelques heures à l'avance, versez une à deux cuillerées à café d'argile en pluie dans un verre d'eau de source, ne remuez pas, laissez-la se déposer.
Au matin, les premiers jours, buvez uniquement l'eau sans remuer le dépôt d'argile qui s'est formé au fond du verre. Selon le problème à traiter et

selon votre tolérance personnelle, la dose d'une à deux cuillerées à café d'argile verte est en général préconisée pour un adulte. Pour un enfant de moins de 10 ans, une demi-cuillerée suffit.

Astuce : utilisez un verre épais, les réactions provoquées par l'argile ont déjà fait exploser des verres trop fins ou du cristal.

Remarque importante

Avec l'argile, pas de précipitation ! Il est recommandé d'avancer pas à pas, afin d'éviter des réactions trop vives de l'organisme. C'est pourquoi, en début de cure, buvez uniquement l'eau argileuse, au bout de quelques jours, vous pourrez remuer le mélange.

Selon votre tolérance, vous pouvez progressivement incorporer de plus en plus d'argile, jusqu'à ce que vous puissiez boire le tout, que l'on appelle « lait d'argile ». Il faut en général une semaine pour boire le lait d'argile, mais chaque organisme a son propre rythme. Ecoutez-vous !

Le corps a ainsi la possibilité de s'adapter, vous resterez attentif et observerez comment il accueille l'argile et se libère de ses toxines au fur et à mesure.

Comment préparer le lait d'argile ?

Ce que l'on appelle « lait » d'argile désigne le mélange argile et eau complet. Il se prépare aussi simplement que l'eau argileuse, une à deux cuillerées à café d'argile verte à verser en pluie dans un verre d'eau et à laisser reposer. Au moment de boire, remuez le tout avec une cuillère en bois et absorbez l'ensemble eau/argile.

Ce qu'il ne faut pas faire

- Ne pas utiliser de récipient, ni d'ustensile en métal avec l'argile.
- Ne laissez pas la cuillère dans le verre d'argile.
- Ne pas utiliser d'eau gazeuse. Choisissez de préférence une eau de source faiblement minéralisée.

> Des bonbons à l'argile

De petites boulettes d'argile à sucer ou à avaler sont faciles à préparer. Elles sont destinées à ceux qui n'apprécient pas du tout de boire la solution à l'argile, aux enfants et à quelques cas particuliers. Leur intérêt est de pouvoir intégrer facilement dans leur préparation une infusion aromatique ou du miel pour édulcorer le goût de l'argile.

Mélangez l'eau (ou l'infusion) à l'argile pour réaliser une pâte épaisse. Au besoin, ajoutez un peu de miel. Façonnez de petites boulettes de la taille d'une noisette et laissez-les sécher, si vous en avez la possibilité au soleil.
Ensuite, elles se sucent comme des bonbons ou peuvent s'avaler avec un verre d'eau.
Les boulettes d'argile à sucer sont particulièrement indiquées pour les infections buccales ou les maladies des gencives.

Des préconisations

> Avec quelle eau préparer l'argile ?

L'argile piège les poisons, elle est indispensable en voyage pour assainir les eaux polluées, mais quand vous êtes à la maison pour élaborer un cataplasme ou préparer une solution à l'argile, autant choisir une eau de très bonne qualité : elle sera le vecteur privilégié des éléments actifs de l'argile.
Evitez l'eau bouillie, qui ne contient sans doute plus de bactéries, et l'eau distillée, exempte de minéraux. Toutes deux sont en effet « purifiées », mais tout à fait mortes.
Il est préférable d'utiliser une eau de source naturelle ou une eau minérale. Au minimum, l'eau du robinet filtrée pour éviter le chlore.

> Les autres additifs

L'eau s'associe naturellement à l'argile. Il y a une affinité particulière entre les deux, qui se poursuit logiquement au sein du corps humain, lui-même composé de près de 70 % d'eau.

Cependant, il est tout à fait possible d'ajouter au mélange argileux des composés actifs : plantes médicinales, huiles essentielles, eaux florales ou sel marin. Ceux-ci sont choisis pour renforcer l'action recherchée lors des applications locales de cataplasmes ou de compresses d'argile.

En fonction des besoins, on peut choisir :

• **du sel de mer gris non raffiné** : pour Raymond Dextreit (*L'argile qui guérit*, Raymond Dextreit, Editions Vivre en Harmonie), le sel marin s'associe très bien à l'argile et amplifie son activité. Il préconise de préparer la pâte d'argile avec une eau salée pour bénéficier de l'iode et des différents oligo-éléments présents. Il propose pour traiter les furoncles, les abcès et les tumeurs de préparer un cataplasme en mélangeant 2 cuillerées à café de sel de mer dans un peu d'eau chaude, puis d'ajouter de l'argile en poudre pour en faire une pâte onctueuse. Appliquez le cataplasme bien chaud sur la zone malade. Il faut le garder la journée et en confectionner un second à poser toute la nuit. Poursuivre les cataplasmes chauds jusqu'à l'apparition de pus indiquant que le drainage est en train de se faire. Continuez ensuite à appliquer des cataplasmes, mais froids, jusqu'à la guérison ;

• **des extraits de plantes :** infusions, décoctions ou plantes en poudre, à choisir selon la cible recherchée. Entre l'argile et la plante va se créer une synergie qui amplifie leurs activités respectives ;

• **des eaux florales ou hydrolats** : remplacer l'eau qui sert à préparer la pâte d'argile ou y ajouter une à deux cuillerées à soupe d'hydrolat permet de bénéficier des propriétés particulières de ces eaux précieuses, chargées de molécules aromatiques ;

• **des huiles essentielles :** quelques gouttes d'huile essentielle peuvent compléter l'argile, par prudence, vous les réserverez aux applications externes. La préparation est déterminante pour que les molécules des huiles essentielles puissent se diffuser dans l'argile. Diluez quelques gouttes d'huile essentielle dans une cuillerée à café d'huile végétale (les huiles essentielles ne sont pas miscibles dans l'eau, mais dans un corps gras), ajoutez-la à l'argile avant de verser l'eau pour former la pâte. Mais sachez que les avis sont partagés sur l'utilisation des huiles essentielles avec l'argile. Ces deux substances sont aussi complexes et actives l'une que l'autre, il est difficile de déterminer ce qui, de l'argile ou des huiles essentielles, agit. D'autre part, sachant que l'argile absorbe les odeurs, est-ce qu'elle ne va pas se trouver saturée par les molécules aromatiques ? Est-ce que le tout forme une réelle synergie où chacun des éléments enrichit l'autre et démultiplie son activité ? Des questions sur lesquelles les spécialistes n'ont pas encore tranché définitivement.

Les principales indications

Voici les principales indications pour un traitement à base d'argile, ainsi que les éventuelles associations avec d'autres produits naturels et les recommandations complémentaires favorables à la résolution des problèmes. Dans tous les cas, il est toujours nécessaire de rechercher la source du problème pour y remédier. Quand l'argile s'inscrit uniquement dans une démarche antisymptomatique, les résultats ne sont jamais durables, car les mêmes causes continueront à produire les mêmes effets. L'argile utilisée seule est très active, vous pouvez vous en remettre à cette terre bienfaisante pour régler nombre de problèmes. Parfois, pour les applications externes, des associations avec des plantes sont indiquées pour renforcer son action.

> *Les problèmes de peau*

La peau est un émonctoire, le plus étendu du corps. Elle présente des glandes sébacées, génératrices du sébum, et des glandes sudoripares, qui sécrètent la sueur. En tant qu'émonctoire, elle intervient en renfort pour compléter les éliminations des déchets que le foie ou les reins n'ont pas pris en charge. Les éruptions et les diverses manifestations cutanées sont donc des tentatives de l'organisme pour se nettoyer.

Rappelons que, pour obtenir une peau saine, une réforme alimentaire est souvent primordiale. L'apparence de la peau ne dépend pas que des soins que vous lui prodiguez, elle est avant tout nourrie de l'intérieur.

Utilisez l'argile en application externe directement sur les zones lésées, mais également au besoin par voie interne pour purifier l'organisme par une cure de drainage. Vous pourrez utiliser l'argile seule, ou renforcer ses bénéfices en ajoutant aux cataplasmes des extraits de plante, des hydrolats, des huiles essentielles ou même des huiles végétales, comme celle de calendula.

Acné

L'acné est liée au fonctionnement des glandes sébacées qui produisent du sébum en excès : les pores s'obstruent, ce qui est propice aux bactéries et engendre des inflammations.

Appliquez de petits cataplasmes d'argile verte sur les boutons, laissez poser 15 à 20 mn et renouvelez 2 à 3 fois par jour.

Si l'acné est très enflammée, choisissez d'appliquer en supplément un cataplasme très épais toute la nuit. A faire tous les soirs pendant une semaine, puis espacer les applications un soir sur deux. Progressivement, les intervalles grandiront pour arriver à un seul cataplasme par semaine.
En parallèle, effectuez une cure d'argile par voie interne, pour aider le corps dans son effort à éliminer les toxines en excès.
Pour préparer les cataplasmes, vous pouvez remplacer l'eau de source par une décoction de racine de bardane ou une infusion de pensée sauvage, deux plantes antiseptiques de la peau.
L'huile essentielle de lavande (lavandula officinalis ou lavandula vera) ou celle de tea tree (melaleuca alternifolia) sont également d'un bon secours
pour renforcer l'activité de l'argile. Vous pouvez ajouter 2 gouttes de l'une et/ou l'autre aux cataplasmes. L'hydrolat de rose ou de lavande sera bénéfique pour tamponner le visage après les applications.
Il sera souhaitable de réduire les excès de corps gras, de protéines animales, de sucre, de glaces, de pâtisseries, de chocolat, et d'alcool.

Abcès, furoncle, panaris

L'argile fait mûrir les abcès, ce qui est nécessaire pour qu'ils puissent se vider. Ensuite, elle les résorbe. Elle est très efficace pour toutes les suppurations de la peau.
Dans la phase de maturation : appliquez directement des cataplasmes épais sur la lésion, en débordant largement. Laissez-les en place le temps de ressentir une sensation de chaleur intense, retirez alors le cataplasme et préparez-en un autre froid. Renouvelez ainsi aussi souvent que nécessaire, jusqu'à ce que l'abcès se résorbe ou s'ouvre et libère du pus.
La nuit, préférez mettre des compresses qui peuvent rester facilement en place jusqu'au matin.

Continuez à mettre des cataplasmes jusqu'à ce que l'abcès soit vidé et la plaie propre. Persistez encore, tant que la cicatrice n'a pas entièrement disparu, car l'argile permet d'effacer toute trace de blessure.

L'oignon et le chou sont très bons pour faire mûrir les abcès, vous pouvez les utiliser en complément pour accélérer le processus de maturation.

Il est possible d'intégrer à la pâte des cataplasmes des feuilles de chou réduites en purée, ou encore d'alterner les applications d'argile avec des cataplasmes chauds préparés avec des oignons cuits au four.

Les suppurations sont les signes d'un engorgement, il est nécessaire de respecter les règles d'une bonne hygiène de vie pour accélérer la guérison : supprimez totalement le lait et les laitages, limitez les sucres, les farineux et les féculents.

Effectuez également un drainage général en prenant l'argile par voie interne le matin, à jeun.

Brûlures

Refroidissez la zone touchée en faisant couler de l'eau froide sur la brûlure.

Préparez un cataplasme très épais (3 cm) et appliquez-le pour pomper la chaleur. Dès qu'il chauffe, renouvelez-le : procédez ainsi plusieurs fois par jour jusqu'à amélioration. Quand vous changez de cataplasme, ne cherchez pas à nettoyer. Si l'argile adhère à la plaie, ne l'enlevez pas et apposez le nouveau cataplasme par-dessus. Poursuivez aussi longtemps que nécessaire, la nuit y compris, car l'argile vous évitera les cloques et favorisera la cicatrisation en éliminant les traces de l'accident. Si vous agissez vite, l'argile a beaucoup d'avantages : elle rafraîchit et soulage très rapidement la douleur, elle nettoie la plaie et, en couvrant la peau, elle la protège contre les germes pathogènes, elle maintient l'humidité en surface sans qu'il y ait macération. De plus, elle facilite le processus de régénération de la peau.

Si c'est un membre qui est atteint, pied ou main, le plus simple est de le plonger entièrement dans une bassine pleine de pâte argileuse. Laissez agir 1 h.

Un avis médical est nécessaire dès que la brûlure est du second degré, mais l'argile est remarquablement efficace pour les brûlures plus graves et profondes du troisième degré.

Eczéma, urticaire

La cure d'argile par voie interne est nécessaire pour épurer l'organisme : buvez l'argile tous les matins, à jeun, pendant 3 semaines. Répétez selon les besoins.

Sur les lésions, l'argile peut être appliquée en cataplasme quotidien ou bi-quotidien. Les cataplasmes minces (0,5 cm) sont souvent préférés, ou des compresses. Pour amplifier son action, vous pouvez préparer l'argile avec une infusion de pensée sauvage ou un hydrolat de camomille matricaire. Retirez-les dès que l'argile sèche. Les résultats sont visibles rapidement. Cependant, pour un traitement définitif, il importe de rechercher l'agent irritant et d'identifier la cause de l'eczéma.

Escarres

Lors d'un alitement prolongé, sur les points d'appui du corps (talons, coccyx, coudes...) apparaissent ces plaies, qui deviennent rapidement profondes et suppurantes.

Appliquez l'argile en couche épaisse, suffisamment pour combler entièrement la plaie, posez dessus un linge humide. Changez le cataplasme 3 à 4 fois par 24h. Ne cherchez pas à nettoyer et à enlever complètement l'argile, le plus gros s'amalgame dans le linge, mais laissez en place le reste. Comblez de nouveau la plaie avec de l'argile neuve. Elle va opérer un travail de drainage sur les tissus morts, soulager l'inflammation et la douleur, désodoriser et faciliter la cicatrisation.

Piqûres

En cas de piqûre d'insecte (guêpe, frelon, tique, araignée, méduse, etc.), le risque d'inflammation est important. L'argile sait le contrôler, car elle va aspirer le venin. Comme elle est également antiseptique, en mettant de l'argile, vous vous assurez de nettoyer la piqûre et d'éviter qu'une infection se propage.

Posez un cataplasme sur la piqûre, il soulage très rapidement la douleur, gardez-le 2 h et renouvelez-le jusqu'à l'arrêt total de l'inflammation.

Verrue, durillon, cor

Les verrues sont des excroissances dues à un virus et le plus souvent bénignes. Les durillons et les cors sont des épaississements également bénins, mais souvent douloureux.

L'argile ramollit les chairs et « arrache » le mal. Pour cela, appliquez un cataplasme épais sur la zone concernée, recouvrez d'un pansement et laissez poser la nuit. Procédez ainsi jusqu'à ce que les excroissances tombent. Le traitement peut être long, mais est efficace.

L'ail est également renommé pour faire partir les verrues : écrasez deux gousses d'ail en purée et incorporez-les à la pâte d'argile.

> *Les problèmes rhumatismaux*

Les rhumatismes englobent toutes les pathologies qui touchent les articulations. Les causes sont nombreuses et variées : elles peuvent être chroniques, inflammatoires, évolutives… Elles constituent l'une des indications privilégiées de l'argile, mais c'est un domaine où il est incontournable de reconsidérer l'hygiène de vie globale, notamment l'équilibre acido-basique de l'organisme. Le phénomène de l'acidose se trouve systématiquement en amont de la genèse des rhumatismes et les tissus sont certainement saturés d'acides.

Adoptez en priorité une alimentation alcalinisante, pratiquez un exercice physique doux et adapté. Les cataplasmes d'argile sont souverains pour soulager tous les rhumatismes : ils atténuent les douleurs, résorbent l'inflammation, aident à retrouver de la mobilité et favorisent la reconstitution du cartilage.

Donnez la priorité aux traitements naturels car les anti-inflammatoires et les analgésiques présentent des effets secondaires nocifs, notamment pour le système digestif.

Une cure drainante sera généralement souhaitable, absorbez alors l'argile le matin, à jeun.

Arthrite, arthrose

Les cataplasmes d'argile soulagent les douleurs de l'arthrite ou de l'arthrose.

Ils sont à appliquer tièdes ou chauds s'il n'y a pas d'inflammation, ou froids si l'articulation est rouge et enflée. Sur la colonne vertébrale, préférez des cataplasmes tièdes.

Le rythme des applications est variable, en général en début de traitement deux à trois cataplasmes à laisser en place 2 h par jour, parfois la nuit y compris. Quand il y a amélioration nette, diminuez la cadence des cataplasmes, pour n'en conserver qu'un seul durant 2 h par jour.

En complément :

• des feuilles de chou broyées amalgamées dans la préparation de la pâte d'argile en augmentent l'efficacité pour absorber l'inflammation ;

• la prêle est une plante reminéralisante intéressante, vous pouvez ajouter 1 à 2 cuillerées à soupe de plante broyée à votre préparation d'argile ;

• les huiles essentielles sont également de grandes alliées des rhumatismes, vous pouvez faire suivre les cataplasmes d'onctions aux huiles essentielles (ajoutez les huiles essentielles dans une huile de massage) ou incorporer à la préparation argileuse une cuillerée à café d'huile végétale avec 2 à 4 gouttes de gaulthérie (gaultheria procumbens), d'eucalyptus citronné (eucalyptus citriodora) ou de genévrier (juniperus communis).

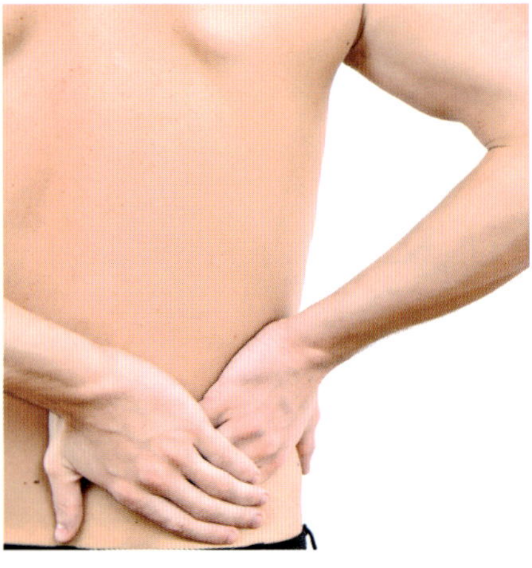

L'argile demande de la persévérance, le traitement peut s'échelonner de quelques semaines à un ou deux ans. Poursuivez vos applications, l'argile vous le rendra bien.

Becs de perroquet (ostéophytes)

Ces excroissances osseuses font suite à une usure du cartilage et leur traitement avec des cataplasmes épais d'argile peut être spectaculaire.

Posez-les sur les zones concernées 2 h par jour, plus si la douleur ou la perte de mobilité est importante. En deux à trois semaines, l'amélioration doit être appréciable, mais prolongez vos efforts pour laisser à l'argile le temps de régénérer en profondeur les cartilages usés.

Vous pouvez adjoindre à la préparation de pâte d'argile 2 à 3 cuillerées à soupe de prêle en poudre pour favoriser la reconstitution.

Lumbago, sciatique, hernie discale

Consultez sans tarder un spécialiste ou un ostéopathe. Dans les crises aiguës, le repos est absolument nécessaire et il faut appliquer de l'argile froide en cataplasme épais pour désenflammer. Mais chaque cas est particulier, certains préfèrent des cataplasmes tièdes. Prévoir deux à trois cataplasmes par jour sur la zone douloureuse, chacun à conserver 2 h. Au sortir de la crise, espacez les cataplasmes.

Si vous poursuivez les applications, de nombreux témoignages attestent que l'argile répare en profondeur : elle a pu reconstituer (en partie) ou replacer le noyau intervertébral, éliminant ainsi la source des douleurs.

Tendinites

Lorsque les tendons ou les ligaments d'une articulation sont enflammés, les douleurs sont persistantes et s'accompagnent d'une perte d'amplitude du mouvement. Le repos est une composante essentielle du traitement ainsi que l'application de cataplasmes d'argile froide, à appliquer deux à trois fois par jour en début de crise, et à laisser agir 2 h.

Faites également des onctions en ajoutant à votre huile de massage de l'huile essentielle d'hélichryse (helichrysum italicum) pour une efficacité plus grande.

> *Les problèmes de traumatisme*

Prendre le réflexe « argile » pour pallier les petits accidents de la vie quotidienne est un geste salutaire. Ayez toujours à portée de la main de la pâte d'argile prête à être utilisée, la rapidité d'intervention est souvent déterminante pour que le résultat soit absolument époustouflant.

Cependant, rassurez-vous, même si vous tardez un peu, l'argile saura aussi vous aider, les effets seront seulement un peu plus lents pour circonscrire le problème.

Blessures, coupures, plaies

Pour toutes les plaies et coupures, l'argile appliquée sur la zone blessée a un effet « barrière » et empêche ainsi les germes pathogènes de proliférer, elle adsorbe les toxines présentes.

Commencez par saupoudrer les plaies avec de l'argile, puis préparez un cataplasme bien épais à appliquer en débordant largement de la zone blessée. Vous le renouvellerez ensuite très régulièrement, au besoin toutes les 2 h si la blessure est grave.

L'argile favorise la coagulation sanguine et stoppe l'écoulement de sang, elle est antiseptique et elle attire à elle les impuretés et les corps étrangers. Ainsi, elle nettoie complètement la plaie. Si vous persévérez dans les applications, la plaie se referme parfaitement, sans laisser de trace, car l'argile régénère les tissus.

Contusions, coups, entorses, hématomes

L'argile soulage, aide à la résolution des hématomes, elle draine et assainit la zone meurtrie, évitant ainsi l'infection.

Posez un cataplasme d'argile froide pour apaiser rapidement la douleur et résorber l'inflammation. Quand il devient chaud, changez-le.

L'argile est très efficace pour faire disparaître les douleurs des entorses, mais ce n'est pas une raison pour vous arrêter là, vous avez tout intérêt à continuer des applications régulières d'un à deux cataplasmes chaque jour pendant 1 à 2 h, et si possible une compresse durant la nuit pendant un mois. C'est le seul moyen de récupérer complètement et d'éliminer toute séquelle de la zone blessée. Vous pouvez ajouter à la pâte d'argile de la prêle en poudre.

Fractures

L'argile contribue à accélérer la consolidation en agissant sur la reconstitution des cellules osseuses. Elle est tout indiquée dans les fractures où il n'y a pas pose de plâtre, comme les fêlures des côtes ou les fractures des orteils. Faites alors des enveloppements d'argile répétés jusqu'à guérison, avec des cataplasmes le jour et des compresses la nuit. Dans les premiers jours, 24h sur 24, puis espacez au fur et à mesure de l'amélioration. Poursuivez avec persévérance durant le temps nécessaire à la consolidation, de quelques semaines à quelques mois. Entamez dans le même temps une cure pour optimiser l'apport en minéraux : bambou, lithotame, alfalfa, etc.

> Les problèmes du système digestif

L'ensemble de l'appareil digestif bénéficie directement des actions de l'argile : celle-ci se dépose et recouvre d'un film protecteur les muqueuses, elle forme une barrière mécanique et inhibe les molécules nocives (gaz, toxiques) et les parasites. Elle est également hémostatique et cicatrisante.

Bouche, dents, gencives

• **Abcès dentaire, carie** : pour patienter avant votre rendez-vous chez le dentiste, sucez un bonbon d'argile (ou un morceau d'argile concassée) près de la dent enflammée, humectez de salive pour que l'argile se délite entièrement et forme une épaisseur près de l'abcès. Faites également des cataplasmes épais et froids à appliquer sur la joue en regard au niveau de l'abcès. Gardez-les 2 h ou le temps qu'ils se réchauffent et renouvelez autant que nécessaire.

Faites des bains de bouche à l'argile en mélangeant une cuillerée à café d'argile et une goutte d'huile essentielle de giroflier (eugenius caryophillus) dans un petit verre d'eau. L'argile réduit l'inflammation, draine et assainit les agents pathogènes, et elle soulage la douleur.

• **Aphtes** : ceux-ci apparaissent souvent après un traitement antibiotique ou une chimiothérapie, mais leur cause originelle est liée à une acidose de l'organisme. Pour soulager rapidement la douleur, prenez un bonbon d'argile ou un morceau d'argile concassée, sucez-le en le maintenant près de la lésion. Entre les repas, gardez-le autant que possible.
Pour faire des bains de bouche, ajoutez une à deux pincées d'argile en poudre dans un verre d'eau tiède. Quelques gouttes de jus de citron ou une goutte d'huile essentielle de laurier noble (laurus nobilis) peuvent enrichir votre préparation. Utilisez pour le brossage un dentifrice à l'argile.

• **Mauvaise haleine** ou halitose : la mauvaise haleine dépend de plusieurs facteurs qui sont à rechercher (infections de la bouche ou du tube digestif). Pour l'éliminer, vous pouvez préparer une « eau-dentifrice » en délayant 3 cuillerées à soupe d'argile verte dans un verre d'eau tiède. Remuez et trempez votre brosse à dents dans le mélange. Utilisez l'eau-dentifrice après chaque repas pendant 1 mois.
L'argile est désodorisante et capte les molécules nauséabondes. Entreprenez également une cure d'argile par voie interne pour assainir tout le tractus digestif.

• **Saignement des gencives** : il est souvent le signe d'une acidose avérée et une réforme de l'hygiène de vie est nécessaire. Pour renforcer vos gencives et lutter contre l'infection, vous pouvez faire fondre un bonbon ou un morceau d'argile et le laisser imprégner les gencives.
Ce sera bénéfique de profiter ainsi des propriétés hémostatiques et antiseptiques de l'argile.
Faites quotidiennement des bains de bouche avec de l'argile et une bonne pincée de sel marin. Utilisez un dentifrice à l'argile.

OEsophage, estomac

• **Reflux gastro-oesophagien, hernie hiatale** : Consultez un médecin pour déterminer le diagnostic et évitez les facteurs aggravants : tabac, alcool, café et alimentation dénaturée (sucreries, excès de graisses animales).
L'argile prise par voie interne

remédie très efficacement aux remontées acides, elle forme un film protecteur en tapissant les muqueuses digestives. Absorbez la solution d'argile le matin à jeun en cure régulière de trois semaines, jusqu'à amélioration.

• **Gastrites, ulcères de l'estomac :** Une consultation médicale s'impose pour des examens complémentaires.

Ces troubles sont de grandes spécialités de l'argile : quand vous l'absorbez, elle tapisse les parois du tube digestif et les isole des sécrétions acides. Elle apaise les douleurs, neutralise l'excès d'acidité, résorbe l'inflammation et favorise la cicatrisation.

Prenez une cuillerée à café d'argile dans un verre d'eau avant ou après les repas. Si vos troubles sont aigus, préférez une argile blanche kaolinite, plus douce, bien que l'argile verte (illite ou montmorillonite), plus puissante, soit également possible.

Les cataplasmes d'argile appliqués sur la région de l'estomac sont également recommandés : un à deux cataplasmes d'une durée de 2 h, chacun loin des repas (1 h avant ou 2 h après).

Evitez tous les facteurs alimentaires aggravants : aliments irritants et excitants (café, thé, cacao, épices, alcool, tabac, sodas). Prenez de petits repas et essayez les cuissons douces à la vapeur, les jus de légumes, en particulier ceux de chou blanc et de pomme de terre.

Buvez des infusions de plantes antispamodiques et douces : mauve et mélisse, ou des décoctions de racine de réglisse et d'anis.

Douleurs de la vésicule biliaire,calculs, insuffisance du foie

Des cataplasmes d'argile sur la zone douloureuse peuvent soulager, mais en cas de douleur intense ou persistante, de fièvre ou de vomissements, il faut recourir de toute urgence à un médecin, car ce sont les signes que des calculs trop gros se sont engagés dans les voies qui mènent de la vésicule biliaire vers le foie ou les intestins.

Les applications d'argile ont tout leur intérêt pour faciliter la dissolution des boues d'une vésicule biliaire encombrée ou pour drainer un foie engorgé. Dans ce cas, appliquez des cataplasmes chauds, ou froids si vous les supportez mieux.

Commencez par des cataplasmes minces et tièdes puis, tout en restant à l'écoute de vos réactions, vous augmenterez l'épaisseur jusqu'à 2 cm. La durée dépend de chacun et peut aller jusqu'à

2 h par jour pendant un mois. Les cataplasmes s'appliquent loin des repas (en général 2 h après et ôtez-les au moins 1 h avant).

Certaines réactions peuvent survenir (picotements, démangeaisons, crampes…), mais elles ne devraient pas perdurer, ni être fortement désagréables. Si c'était le cas, il faudrait suspendre les cataplasmes ou diminuer la durée ou l'épaisseur.

Faites également une cure d'argile par voie interne, elle va nettoyer le foie et la vésicule biliaire. Privilégiez une alimentation essentiellement végétale, avec beaucoup de légumes frais de saison et évitez tout ce qui peut surcharger les fonctions hépatiques (plats en sauce, chocolat, alcool, molécules de synthèse, etc.) En complément, un complexe dépuratif peut être envisagé : artichaut, pissenlit, romarin, radis noir. Soyez prudent, car certaines plantes sont si efficaces qu'elles peuvent engendrer des complications en présence de lithiase biliaire. Un avis médical peut s'avérer nécessaire.

Diarrhées, colites, entérites, parasitoses

• **Ballonnements** : les fermentations font partie des phénomènes naturels de la digestion, la production de gaz est normale… dans une certaine mesure ! Pour éviter des sensations de distension trop importantes, les douleurs et les gaz, mieux vaut miser sur une alimentation bien structurée (surveillez les aliments à risque, les excès de glucides ou de protéines), mâchez soigneusement chaque bouchée et chouchoutez votre flore intestinale.

Faites une cure d'argile par voie interne, elle est très efficace pour résorber les fermentations et faciliter la digestion.

• **Colite** : appelée aussi « colopathie fonctionnelle » ou « côlon irritable », il s'agit le plus souvent d'une affection chronique douloureuse pour laquelle la relaxation et l'hygiène de vie sont absolument déterminantes, accompagnées de mesures diététiques pour limiter les sources alimentaires douloureuses. Soignez également votre flore intestinale.

L'argile opère un véritable nettoyage qui est extrêmement bénéfique pour les côlons irritables. Choisissez de faire des cures régulières en absorbant de l'argile verte ou blanche selon l'intensité de vos troubles.

Dans la journée, buvez des infusions de camomille et de mélisse.

• **Diarrhée** : de nombreuses études confirment le bénéfice de l'argile sur la diarrhée.

La diarrhée est un réflexe de l'organisme pour tenter d'éliminer toxines et parasites ou fait suite à un repas trop riche. Il est recommandé de laisser faire pendant 24 à 48h avant de chercher à réguler les selles. Se mettre à la diète est salutaire.

Ne minimisez surtout pas les diarrhées d'un nourrisson, d'une personne âgée ou celles qui sont accompagnées de symptômes suspects (fièvre, saignements...), elles relèvent d'un diagnostic médical urgent.

L'argile est un remède très efficace pour freiner le transit. A tel point que des protocoles médicaux à base d'argile ont été mis au point pour traiter les diarrhées des malades du sida ou celles liées aux maladies tropicales (dysenterie, choléra, etc.).

Prenez une cuillerée à soupe d'argile blanche surfine dans un grand verre d'eau, remuez et buvez le tout, une à quatre fois par jour, selon l'intensité des troubles. Au fur et à mesure de l'amélioration, espacez les prises.

Accompagnez le traitement à l'argile d'une diète alimentaire en évitant les fruits (excepté les myrtilles et les bananes), les légumes (sauf les carottes cuites), les laitages et les graisses. Privilégiez le riz blanc, les poissons et viandes maigres.

Pensez à vous hydrater en abondance, buvez suffisamment d'eau de source et des infusions de feuilles de myrtilles astringentes.

C'est le moment d'entamer une cure d'un complexe de pré et probiotiques pour renforcer la flore intestinale.

• **Gastro-entérite** : cette inflammation de l'estomac et des intestins est due dans 80 % des cas à la présence de virus. Souvent, le rotavirus est en cause et il se répand très vite ! Pour l'enrayer, l'argile verte en poudre est très performante, car elle capture et inactive le virus, soulage l'inflammation et, en moins d'une demi-heure, fait disparaître la douleur. D'ailleurs, elle est le principal composant de la plupart des remèdes pharmaceutiques destinés à soulager les maux d'estomac et d'intestins.

Dans un verre d'eau, versez en pluie une bonne cuillerée à soupe d'argile verte, laissez reposer sans remuer. Au bout de 10 mn, remuez et buvez la solution. En parallèle, supprimez les sucreries et les laitages de votre alimentation.

• **Parasitoses** : Les parasites ou les candidoses colonisent les intestins et engendrent de multiples effets désagréables. L'argile est dépurative et semble radicale pour inhiber certains parasites (amibiases, oxyures...). Par voie interne, faites une cure d'argile en la prenant le matin à jeun pendant 3 semaines, à renouveler autant que nécessaire.

Privilégiez les aliments vermifuges : ail, oignon, fenouil, thym, graines de courge.

Les candidoses demandent cependant une réforme alimentaire et un traitement complémentaire pour éradiquer définitivement la source des maux.

Les problèmes de circulation

• **Hémorroïdes** : La dilatation des veines de l'anus engendre des crises douloureuses. L'origine des troubles est à rechercher et se situe le plus souvent au niveau de la veine porte du foie. C'est pourquoi, en parallèle au soulagement des symptômes, vous prendrez également soin de votre foie pour y remédier en profondeur. La cure d'argile par voie interne est utile pour le drainer.

L'argile en cataplasme permet également de diminuer l'inflammation locale et de soulager la douleur. Elle est hémostatique et resserre les tissus.

Prenez matin et soir des bains de siège en ajoutant à l'eau fraîche 2 à 3 cuillerées à soupe d'argile en poudre et la même quantité d'hydrolat d'hamamélis, réputé astringent. Séchez délicatement et appliquez un petit cataplasme d'argile froide. Laissez-le en place 2 h et changez- le 2 à 3 fois par jour.

Evitez d'utiliser du papier toilette parfumé qui est irritant, préférez un coton imbibé d'hydrolat d'hamamélis. Combattez systématiquement la constipation.

• **Maux de tête, migraines, troubles de la vision** : Il convient de trouver la cause pour la traiter directement. Elle se situe généra-

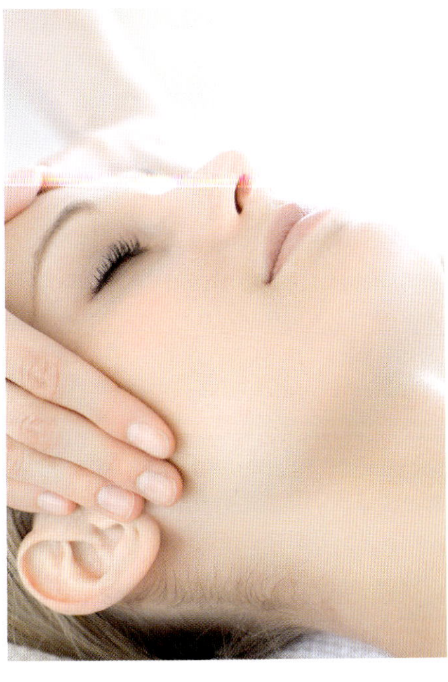

lement ailleurs dans l'organisme et, souvent, le foie est en cause.

Pour soulager la douleur, utilisez des cataplasmes épais d'argile que vous appliquerez sur le front et sur la nuque en alternance. Sur le front, le cataplasme est posé froid et gardé le temps qu'il devienne chaud. Sur la nuque, selon la tolérance, il peut être appliqué tiède ou froid et gardé 1 h à 2 h.

Vous pouvez les préparer en ajoutant deux à quatre gouttes d'huile essentielle de lavande vraie (lavandula vera ou officinalis).

Poursuivez jusqu'à amélioration. Des bains de pieds très chauds sont à recommander, ils favorisent la détente et crée un choc thermique qui décongestionne la zone cérébrale et amène une vasodilatation des vaisseaux très bénéfique.

• **Ulcère variqueux** : l'ulcère variqueux est le stade ultime de la maladie veineuse.

Appliquez des cataplasmes minces (1 cm) sur la partie à soigner. Gardez-les 1 à 2 h, deux fois par jour. La nuit, utilisez des compresses d'argile.

Il est probable que, dans les premiers temps, la plaie s'agrandisse. L'argile nettoie et évacue les tissus morts avant de favoriser la cicatrisation. Une réforme alimentaire est nécessaire, notamment la suppression du lait et des laitages de vache.

Les problèmes ORL

La prévention des maux d'hiver permet d'optimiser la réponse immunitaire et de stimuler les défenses naturelles : adoptez une alimentation hypotoxique et riche en nutriments essentiels (vitamines et minéraux), pratiquez régulièrement un exercice physique, dormez suffisamment et évitez les sources de stress tout en gérant au mieux les demandes d'adaptation de la vie...

En période hivernale, le chlorure de magnésium est un bon complément pour renforcer le système immunitaire : offrez-vous un petit verre tous les matins. Drainez régulièrement les toxines en pratiquant des cures d'argile par voie interne.

En cas de trouble, l'argile a une action fluidifiante sur les sécrétions et facilite leur évacuation. Elle réduit l'inflammation et favorise la récupération. Elle neutralise les bactéries et les virus et inhibe leur prolifération.

• **Nez (rhume, sinusites)** : Sur un terrain fragile, l'hygiène du nez est indispensable pour éviter que l'infection virale se propage plus haut dans les voies respiratoires.

Faites systématiquement des lavages du nez avec de l'eau argileuse matin et soir. Pratiquez aussi des inhalations en incorporant à l'eau chaude deux cuillerées à soupe de plantes antiseptiques et décongestionnantes : thym, eucalyptus, menthe poivrée, ou encore 4 à 5 gouttes d'huile essentielle d'eucalyptus radié (eucalyptus radiata) ou de thym à thujanol (thymus officinalis CT thujanol).
Si la congestion s'est propagée jusqu'aux sinus, il faut ajouter l'application de petits cataplasmes d'argile tiède ou froide sur les ailes du nez deux fois par jour et à laisser agir 1 h.

• **Angine et autres inflammations de la gorge** : utilisez les gargarismes à l'argile pour soulager l'inflammation.
Vous pouvez associer un cataplasme d'argile tiède ou froide à laisser sur la gorge durant 1 h ou sucez des bonbons d'argile préparés avec des infusions de thym.
Préparez-vous des infusions de plantes (comme la mauve, le thym et la bourrache) sucrées avec un peu de miel de ronce.

Surveillez le transit intestinal pour éviter toute constipation et procédez à un petit lavage intestinal à l'eau argileuse. Au besoin, consommez au petit déjeuner des pruneaux trempés depuis la veille dans un petit bol d'eau.

• **Bronchites et inflammations pulmonaires** : prévoir des cataplasmes tièdes à appliquer sur le thorax, alternativement sur l'avant du corps, puis dans le dos. Laissez-les en place 1 h. Répétez une fois par jour pendant une semaine, mais ne poursuivez pas plus longtemps, leur taille (et leurs effets) risquant de solliciter de façon trop importante l'organisme.
Vous aurez sans doute intérêt à pratiquer en parallèle (pas simultanément, mais à des moments différents) des cataplasmes à appliquer sur le bas-ventre pour drainer les toxines et faciliter leur évacuation par le transit.

• **Grippe, fièvre** : Quand l'organisme est en proie à la fièvre, préférez ne pas manger (d'ailleurs, l'appétit s'amenuise naturellement) pour que l'énergie vitale puisse se consacrer à la lutte contre les microbes.
Par contre, hydratez-vous en abondance : eau, bouillon de légumes, infusions d'eucalyptus ou de serpolet…
Des cataplasmes d'argile froide peuvent être appliqués pendant 2 h en alternance sur le front et sur la nuque. Le lavage intestinal à

l'eau argileuse est aussi préconisé. Les cataplasmes d'argile sur la nuque sont également tout à fait indiqués en complément des traitements locaux. La propolis (à mâcher, en sirop, en ampoule, en teinture mère...) et la vitamine C à dose importante sont également conseillées.

> Les problèmes de la sphère urinaire et gynécologique

Les infections de la sphère uro-génitale peuvent se produire à tout moment de la vie d'une femme. Elles sont cependant le signe d'un système immunitaire défaillant qu'il faudra renforcer. Pensez pour cela à l'équilibre de votre flore intestinale, elle est primordiale pour se prémunir contre virus et bactéries. Le défaut d'hygiène tout comme l'excès de propreté créent des conditions favorables à la prolifération des germes. En effet, l'écosystème vaginal est très fragile et repose sur l'équilibre d'une flore locale. C'est pourquoi le meilleur produit d'hygiène reste le savon de Marseille, le vrai savon riche en huile d'olive. Il permet une hygiène intime sans perturber le pH.

Les bains de siège froids journaliers sont souverains pour régulariser la circulation sanguine du bassin et soulager toutes les perturbations du bas-ventre. Ne faites jamais de bain de siège pendant la période des règles. Par contre, ils sont particulièrement bénéfiques dans la semaine qui précède les règles.

• **Cystite** : Une consultation médicale est nécessaire, mais absorber un verre d'eau dans lequel vous aurez versé une cuillère à soupe d'argile permet de soulager la douleur et de lutter contre l'agent pathogène, associez y un cataplasme d'argile tiède posé sur le bas-ventre pour drainer l'infection. Vous devriez vous sentir soulagée. Renouvelez la prise de lait d'argile quand la crise revient, tout en poursuivant l'application des cataplasmes deux fois par jour.

Pour atténuer la sensation de brûlure, vous pouvez procéder à un lavement vaginal à l'argile.

Pour éviter les stases urinaires, buvez beaucoup.

Le jus de canneberge est réputé pour contrer les récidives, faites des cures régulières.

• **Fibromes, kystes aux ovaires ou au sein** : On peut considérer que ces amas bénins de tissus ont pour fonction de stocker des toxines ou des déchets que les émonctoires, et surtout le foie, n'ont pas pu gérer. Ils sont tributaires également de l'équilibre hormonal.

L'équilibre alimentaire est fondamental pour résoudre le problème. L'argile, à la fois en cure interne et en application locale, fait merveille pour drainer les toxines. Consommez l'argile en cure pendant trois semaines et reprenez autant que nécessaire.

Faites une cure de cataplasmes sur le bas-ventre pendant trois semaines, arrêtez pendant la période des règles.

• **Règles douloureuses, pertes blanches, infections gynécologiques :**

Une cure d'argile par voie interne facilite l'épuration de l'organisme et favorise un fonctionnement harmonieux. Buvez l'argile le matin à jeun pendant 3 semaines, une semaine de pause et recommencez pendant 3 mois.

Appliquez également des cataplasmes épais sur le bas-ventre pendant 21 jours, et arrêtez pendant la semaine des règles.

En cas d'infection, renouvelez les cataplasmes deux fois par jour.

L'argile est antalgique et décongestionne le petit bassin. Elle draine l'infection et neutralise nombre de virus et de bactéries.

Portez des sous-vêtements en matière naturelle.

L'argile peut accompagner un traitement médical nécessaire en cas d'infection. Parlez-en à votre médecin.

> *Divers*

Fatigue

Les causes sont variées, mais l'argile peut vous être utile : sachez qu'un organisme encombré de toxines fonctionne avec plus de difficulté et se fatigue vite. Une cure d'argile par voie interne favorise le nettoyage des organes, n'attendez pas d'être épuisé pour vous y mettre ! Régulièrement, absorbez de l'argile pour retrouver un regain d'énergie.

D'autre part, la fatigue peut être corrélée à un foie lui-même épuisé, et le foie adore les applications d'argile : faites-lui du bien en posant des cataplasmes tièdes. Commencez par poser des cataplasmes assez minces pour apprivoiser les réactions, puis poursuivez avec des cataplasmes épais pendant 2 h par jour.

Femme enceinte, nourrisson

Durant la grossesse, il y a un cas où des cataplasmes appliqués sur le ventre peuvent se révéler intéressants.

Lorsque le bébé ne se retourne pas, Raymond Dextreit (*L'argile qui guérit* (cf.bibliographie)) recommande de procéder à l'application de cataplasmes épais au cours du dernier mois de grossesse, ainsi l'enfant trouve l'énergie pour se placer en bonne position.

L'absorption d'argile au cours de la grossesse est une pratique ancienne encore courante dans beaucoup de régions du globe, les femmes recourent à cette tradition sans doute pour combler les besoins en minéraux accrus. Vous-même pouvez boire de l'eau argileuse une semaine sur deux pour que le foetus se développe bien et pour préparer l'accouchement.

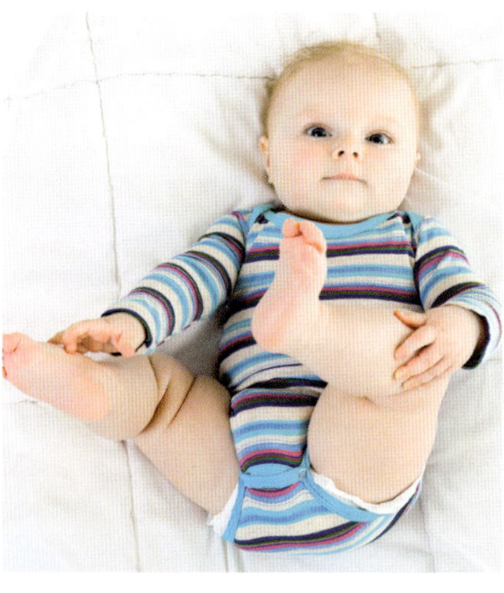

Les nourrissons ne sont pas en reste et peuvent profiter dès leur naissance des bienfaits de l'argile : pour les soins du cordon, saupoudrez d'argile la zone, puis ajoutez de petits cataplasmes : la cicatrisation se fera très rapidement.

Pour le change, gardez votre poudre d'argile à portée de main, elle est bien plus efficace que le talc pour éviter les irritations et les apaiser si besoin est. Le talc est rarement une substance naturelle, tandis que l'argile est purifiante, désodorisante, anti-inflammatoire...

Sachez aussi que vous pouvez soulager facilement les colites douloureuses de votre bébé en préparant une eau argileuse avec une demi-cuillerée à café d'argile en poudre dans un verre d'eau. Versez la solution dans un biberon pour que votre bébé s'en régale. Vous le verrez téter avec bonheur et ses crampes calmées en moins d'une demi-heure.

Pendant l'allaitement, l'argile est aussi efficace pour soigner les crevasses des seins. Après la tétée, saupoudrez avec de la poudre d'argile le bout des seins, elle apaise la douleur et favorise la cicatrisation.

N'oubliez pas de vous essuyer avant de donner de nouveau le sein à bébé. Mais le meilleur moyen d'éviter les crevasses est de s'assurer d'une bonne position de l'enfant par rapport à l'aréole. En cas de difficulté persistante, faites-vous conseiller par un spécialiste.

Ingestion de poison, de toxique
Dans les cas d'urgence, boire un mélange charbon et argile en dose massive et contactez le service antipoison.

Trucs et astuces

• **Pour revitaliser l'argile** : l'argile est une substance vivante. Pour la régénérer, exposez-la autant que possible à l'énergie solaire. Placez votre récipient de pâte d'argile (il faut un contenant transparent) une quinzaine de minutes au soleil ou, encore mieux, toute une journée, afin qu'elle puisse emmagasiner de la vitalité pour mieux vous la restituer quand vous l'utiliserez ensuite.

• **Pour extirper une écharde** : avec l'argile, l'extraction d'une écharde profondément enfoncée est très commode puisqu'elle attire à elle toutes les substances étrangères. Il suffit de déposer une grosse noisette d'argile sur la zone à traiter, recouvrez éventuellement d'une feuille de chou et enveloppez d'un tissu propre. Gardez une nuit. Généralement, il n'y a pas besoin de renouveler l'application, l'écharde remonte à la surface.

• **Pour les odeurs de pieds gênantes** : l'argile se charge d'absorber les odeurs, saupoudrez régulièrement l'intérieur de vos chaussures.

• **Démangeaisons** : l'argile apaise, utilisez de l'argile pour saupoudrer les zones irritées.

• **Pour purifier l'eau** : lors de vos déplacements à l'étranger, pensez à mettre de l'argile dans vos bagages. Elle a la capacité d'éliminer les substances indésirables et de filtrer l'eau polluée. Quand vous n'êtes pas sûr de la qualité de l'eau, versez une cuillerée à café (ou un petit caillou d'1,5 cm) pour un litre d'eau, laissez reposer une quinzaine de minutes. L'eau est propre à boire.

L'argile pour votre beauté

Soins du visage

Les argiles présentent d'excellentes propriétés cosmétiques grâce à leurs qualités d'absorption et d'adsorption, ainsi que de précieux minéraux et oligo-éléments nécessaires à l'équilibre de la peau. Les argiles entretiennent et embellissent toutes les peaux.

• L'argile a un pouvoir couvrant important, elle adhère parfaitement à la peau, elle constitue ainsi une base idéale pour les soins, à laquelle on peut adjoindre d'autres éléments (huiles essentielles, hydrolats, huiles végétales...).

• Sa texture onctueuse apporte un confort agréable.

• L'argile est naturellement nettoyante : par absorption et adsorption, elle capte le surplus d'huile en surface de la peau, mais aussi en profondeur dans les pores, ce qui lui permet de déloger les impuretés, points noirs, comédons...

• Elle est purifiante : elle possède un effet abrasif très léger, ainsi elle exfolie les cellules mortes de l'épiderme et laisse une peau d'une douceur inégalée.

• Elle est reminéralisante : par sa très forte teneur en minéraux, elle joue un rôle essentiel pour échanger des molécules qui stimulent et renforcent les tissus de la peau.

• Elle est désinfectante : elle évite le développement des microbes et a un effet anti-inflammatoire déterminant pour les pores obstrués et infectés.

• Elle est tonifiante : les tensions qu'elle crée au contact de la surface de la peau peuvent être utilisées pour « combler » les rides.

• L'argile agit avec intelligence : sur une peau déshydratée, l'eau contenue dans la pâte d'argile devient un réservoir qui favorise une réhydratation en douceur. Ainsi, la peau y puise en fonction de ses besoins et est parfaitement réhydratée.

• Elle est apaisante, décongestionnante, cicatrisante.

• En séchant, elle resserre les pores, le grain de la peau est affiné et le teint lisse.

Les masques de beauté

Elaborer des compositions de masques à l'argile pour le visage est extrêmement facile, ils sont prêts en quelques minutes.

Choisissez une argile en poudre surfine ou ultra-ventilée, sachant que la finesse des particules d'une argile ultra-ventilée vous garantit un meilleur confort d'utilisation.

Un masque peut être concocté simplement avec de l'eau et de l'argile pour former une pâte, il sera tout à fait performant pour retrouver une peau lisse et un teint éclatant. Mais vous pouvez sophistiquer le mélange avec une infusion de plantes, une eau florale ou un jus de fruit, selon vos besoins spécifiques.

La silice que contient l'argile est indispensable pour nourrir les tissus de structure de la peau, elle soutient et renforce le collagène et l'élastine indispensables à la jeunesse des traits. Mais certaines argiles très riches en silice peuvent se révéler aussi légèrement desséchantes, car leurs ions forment spontanément des liaisons avec l'eau, ce qui joue sur la déshydratation. Pour bénéficier des atouts de la silice et contourner ses défauts, on ajoute alors au mélange de pâte d'argile une huile végétale, du miel, un jaune d'oeuf ou tout autre ingrédient connu pour son action humectante. Les huiles essentielles forment également de précieux compléments à l'action de l'argile. Vous les sélectionnerez en fonction de leurs propriétés cutanées : apaisantes, astringentes, anti-inflammatoires, toniques, etc.

Comment choisir le type d'argile à utiliser

Trois argiles très répandues prennent le devant de la scène pour la fabrication des masques de beauté. La montmorillonite fait merveille pour purifier en profondeur, tout comme l'illite. La kaolinite est très douce et convient parfaitement pour les soins cosmétiques, même si elle est moins active.

> La couleur des argiles

En cosmétologie, la couleur est souvent un repère pour choisir l'argile, celle-ci varie en fonction de la composition minéralogique. Fer, cuivre et zinc donnent aux différentes argiles une belle palette de couleurs, dont chacune présente sa spécificité.

> L'argile verte

En cosmétique, l'illite ou la montmorillonite sont les deux argiles vertes les plus employées. Riches en minéraux, elles sont purifiantes, elles absorbent et régulent l'excès de sébum. Elles sont plutôt destinées aux peaux normales, mixtes ou grasses.

> L'argile blanche

C'est une kaolinite peu concentrée en minéraux, mais, grâce à l'aluminium qu'elle contient, elle favorise une bonne cicatrisation et est anti-inflammatoire. Elleest particulièrement adaptée aux épidermes des peaux fragiles.

> L'argile rouge

Il s'agit le plus souvent d'une illite dont la coloration montre une bonne proportion d'oxydes de fer, et beaucoup de silice. Elle améliore la microcirculation sanguine et apaise les rougeurs de la peau. Elle donne de la luminosité au teint. Elle est surtout employée pour les peaux normales à sèches.

> L'argile jaune

Généralement, une argile jaune est une kaolinite ou une illite, ce sont les oxydes de fer en bonne proportion qui ajoutent cette coloration. S'il s'agit d'une kaolinite, elle est destinée plus spécifiquement aux peaux réactives et fragiles à tendance sèche, elle exfolie en douceur et active la circulation sanguine. Une illite jaune apaise les irritations cutanées, elle est lissante et tonifiante. Les peaux sensibles mixtes ou à tendance grasse l'adorent.

> L'argile rose

Cette couleur correspond à un mélange élaboré avec de l'argile rouge et de l'argile blanche. Elle donne un effet « bonne mine » et est très douce, ce qui la destine aux soins des épidermes les plus délicats comme celui des bébés. Sans aucun doute, c'est l'une des argiles à préférer pour les soins de beauté des peaux fragiles.

> L'argile marine ou bleue

Cette argile très particulière et peu répandue s'est formée dans les fonds marins. Elle présente une forte proportion de silice et une teneur particulièrement riche en oligo-éléments et en minéraux. Elle redonne de l'éclat aux teints brouillés.

Créez vos masques

Les peaux grasses ou mixtes adorent les masques absorbants, les peaux sèches ou sensibles apprécient les masques à la fois apaisants et hydratants, à base d'argile et élaborés avec des huiles végétales et des huiles essentielles calmantes et adoucissantes.

Recette de base

- 2 cuillerées à soupe de poudre d'argile
- Le même volume d'eau de source

1. Versez l'argile dans un bol, ajoutez l'eau et mélangez pour obtenir une pâte onctueuse.
2. Appliquez sur le visage parfaitement nettoyé. Evitez le contour des yeux.
3. Laissez poser 10 à 15 mn et rincez à l'eau tiède.

Vaporisez une lotion tonique et appliquez une crème hydratante. A partir de cette recette de base, les possibilités pour personnaliser vos masques sont quasiment infinies !

>Choisissez l'argile (ou le mélange d'argiles, associez par exemple une jaune et une blanche) qui vous convient.

>A la place de l'eau (ou en complément), vous pouvez utiliser :

• Des infusions de plantes :
- Peaux grasses : bardane, lavande, menthe, sauge
- Peaux sèches : coquelicot, souci, sureau
- Peaux sensibles : camomille, lavande, mauve, tilleul
- Peaux matures : basilic, fenouil, mélisse, persil, thé vert

• Des hydrolats :
- L'hydrolat de rose au divin parfum est un grand polyvalent des soins cosmétiques. Il apaise les rougeurs et tonifie la peau, il prévient les effets du vieillissement. Utilisé pur en vaporisation sur le visage matin et soir, il remplace avantageusement une lotion tonique. Ajouté à l'argile, il crée une synergie qui régénère en profondeur la peau.
- Peaux grasses : eucalyptus globulus, lavande, menthe poivrée, romarin verbénone
- Peaux matures : camomille romaine, ciste, fleur d'oranger, sauge sclarée
- Peaux sèches : bois de santal, camomille romaine, fleur d'oranger
- Peaux sensibles : camomille romaine, carotte, lavande, hamamélis, verveine

• Des jus de fruits ou de légumes :
- Abricot : tonifiant et adoucissant
- Carotte : assouplissant et nourrissant
- Citron : revitalisant, il éclaircit le teint
- Concombre : décongestionnant et antirides, il resserre les pores dilatés
- Fraise : tonifiant et rajeunissant
- Pomme : raffermissant et adoucissant
- Tomate : astringent et raffermissant.

>Ajoutez une petite quantité d'huile végétale :

• Amande douce : adaptée aux peaux fragiles et délicates, riche en vitamine A ;
• Argan : idéale pour les peaux sèches et déshydratées ;
• Avocat : elle contient beaucoup de vitamines et prévient le vieillissement des peaux matures et fragiles ;
• Germes de blé : riche en vitamine E, elle est antirides et adoucissante ;
• Jojoba : proche du sébum, elle en régule le flux et embellit toutes les peaux, elle donne de l'élasticité et hydrate en profondeur ;

• Macadamia : parfaite pour les soins des peaux fragiles, elle protège et apaise ;
• Noisette : des vitamines A et E, elle redonne de la souplesse aux peaux sèches et irritées ;
• Noyaux d'abricot : elle hydrate, nourrit et fortifie les peaux atones et fatiguées ;
• Olive : une excellente huile nourrissante, adoucissante, cicatrisante, hydratante ;
• Pépins de raisin : riche en vitamine E, elle convient à toutes les peaux, plus particulièrement aux peaux grasses ;
• Rose musquée : cicatrisante, elle régénère les peaux abîmées et est recommandée aux peaux sèches et matures ;
• Sésame : pour les peaux sèches ou abîmées, elle assouplit et régénère l'épiderme.

>Incorporez 2 à 4 gouttes d'huiles essentielles : utilisez-les avec prudence et diluez-les systématiquementsur un support : une cuillerée à café d'huile végétale forme une excellente base pour un masque.

• Bois de rose (aniba rosaedora) : puissante régénératrice cutanée, raffermit les peaux fatiguées et sensibles ;
• Carotte (daucus carotta) :

excellente pour les peaux sèches ou les peaux dévitalisées ;

• Camomille romaine (anthemis nobile) : lutte contre le stress cutané, anti-inflammatoire et antiallergique, idéale pour les peaux sensibles ;

• Cèdre (cedrus atlantica) : cicatrisante et astringente, pour les peaux grasses ;

• Ciste (cistus ladaniferus) : cicatrisante, tonifiante et astringente, pour tous les soins anti-âge ;

• Citron (citrus limon) : tonique et désinfectante, pour les peaux grasses ou vieillissantes ;

• Encens (boswellia carterii) : cicatrisante et spécifique pour les soins hydratants des peaux sèches ;

• Eucalyptus mentholé (eucalyptus dives) : antibactérienne, pour les peaux grasses ;

• Géranium (pelargonium asperum) : tonique cutané et anti-inflammatoire, pour les peaux sèches, dévitalisées ou matures ;

• Lavande vraie (lavandula angustifolia) : calmante, cicatrisante, régénératrice cutanée, pour tous les types de peau ;

• Niaouli (melaleuca quinquinervia) : tonique cutané et anti-inflammatoire ;

• Palmarosa (cymbopogon martinii) : astringente, hydratante et cicatrisante, elle stimule le renouvellement cellulaire. Pour les peaux abîmées, sèches ou grasses ;

• Rose (rosa damascena) : le fleuron de l'aromathérapie, elle est astringente, tonique cutané, régénérante et antirides. Elle lutte contre le relâchement tissulaire ;

• Sauge sclarée (salvia sclarea) : indiquée pour les peaux grasses, elle régule la sécrétion de sébum ;

• Tea tree (melaleuca alternifolia) : antibactérienne majeure, pour les peaux à acné ou infectées ;

• Ylang-ylang (cananga odorata) : équilibrante et régénératrice cutanée, pour les peaux à revitaliser.

> Les autres ingrédients :

• Pour hydrater : pulpe d'avocat, banane, gel d'aloe vera, miel, yaourt ou crème fraîche, jaune d'oeuf, glycérine végétale…

• Pour exfolier : poudre d'amandes, de noix de coco, de noyaux d'abricot, graines de pavot, flocons d'avoine, sel de mer…

• Pour donner bonne mine : poudre de curcuma, d'urucum…

Ce qu'il ne faut pas faire

• Ne laissez surtout pas sécher, ni craqueler l'argile sur le visage. Au besoin, réhumidifiez en vaporisant un peu d'eau ou d'hydrolat.

• N'utilisez pas d'ustensile en métal pour la préparation.

Gommage à l'argile et aux amandes

- 2 cuillerées à soupe de poudre d'argile
- 1 cuillerée à soupe de poudre d'amandes

1. Versez les poudres dans un bol, ajoutez de l'eau de source pour former une pâte.
2. Appliquez sur le visage en couche épaisse. Du bout des doigts, pratiquez un massage par petits cercles pour nettoyer la peau. Rincez à l'eau tiède.

Lotion nettoyante à l'argile et aux plantes

- 1 cuillerée à soupe d'argile
- 2 verres d'eau
- 2 cuillerées à soupe de plantes séchées (à choisir dans la liste précédente en fonction de vos besoins)

1. Préparez une infusion avec les plantes sèches. Filtrez et mettez en bouteille.

2. Ajoutez l'argile en poudre. Secouez pour bien mélanger.
3. Nettoyez la peau matin et soir avec la lotion avant d'appliquer votre crème hydratante.

La lotion se conserve 5 jours au réfrigérateur.

Masque de beauté peau sensible

- 2 cuillerées à soupe d'argile rose
- 1 cuillerée à soupe d'eau de source
- 1 cuillerée à soupe d'hydrolat de rose
- 1 cuillerée à café d'huile d'avocat
- 3 gouttes d'huile essentielle de bois de rose (aniba rosaedora)
- 1 goutte d'huile essentielle de camomille romaine (anthemis nobilis)

1. Versez l'eau et l'hydrolat dans un bol. Ajoutez l'huile. Utilisez ce mélange pour préparer la pâte d'argile. Quand la texture est onctueuse et lisse, ajoutez les huiles essentielles. Appliquez le masque en couche épaisse sur le visage. Laissez agir 10 mn et rincez à l'eau tiède.

L'huile d'avocat est riche en vitamines A, D, E. Elle est reconnue pour ses propriétés hydratantes, protectrices, fortifiantes et régénérantes. L'huile essentielle de bois de rose est douce et tonifiante, celle de camomille apaise la peau.

Masque de beauté peau sèche

- 2 cuillerées à soupe d'argile rose
- 1 ou 2 fraises
- 3 cuillerées à soupe d'eau de source

1. Préparez la pâte d'argile, écrasez ou mixez finement les fraises et incorporez-les à la pâte.
2. Appliquez sur le visage en couche épaisse. Laissez agir 10 mn avant de rincer à l'eau tiède.

Les fraises ont un effet apaisant sur la peau, et une action régulatrice. Associées à l'argile rose, elles donnent un teint très lumineux.

Masque de beauté peau grasse

- 1 cuillerée à soupe d'argile verte
- 1 cuillerée à soupe d'eau de source
- 1/4 de concombre

1. Pelez le concombre, ôtez les graines et mixez la chair.
2. Préparez la pâte d'argile et incorporez 1 cuillerée à soupe de concombre. Appliquez le mélange sur le visage, laissez agir 10 mn. Enlevez à l'eau tiède.

Le concombre régule les sécrétions de sébum, il a une action assainissante et astringente.

Masque violet à la Cléopâtre

Selon une recette de M-J Vidal : www.faitesmaison.com

- 1/2 cuillerée à café de lait de jument en poudre
- 1/2 cuillerée à café de poudre de canneberges
- 1 cuillerée à café d'argile rose
- 1/2 cuillerée à café de miel
- Un peu de lait de soja (ou de vache)
- 1 goutte d'huile essentielle de camomille romaine (anthemis nobilis)
- 1 goutte d'huile essentielle de lavande (lavandula angustifolia)

1. Mélangez tous les ingrédients ensemble afin d'obtenir une belle pâte.
2. Appliquez le mélange sur votre visage et laissez poser 10 mn en le vaporisant d'eau ou d'hydrolat pour qu'il ne sèche pas.

Le lait de jument est apaisant, les canneberges comptent parmi les fruits les plus riches en antioxydants, le miel est humectant, les huiles essentielles sont calmantes, cicatrisantes et régénérantes. Un masque doux, purifiant, apaisant et hydratant, réellement digne d'une reine !

Masque nettoyant absolu

- 3 cuillerées à café d'argile blanche
- 1/2 cuillerée à café d'argile verte
- 1/2 cuillerée à café de glycérine
- 4 à 5 cuillerées à café d'hydrolat de rose
- 2 gouttes d'huile essentielle de géranium rosat (pelargonium asperum)

1. Mélangez bien les poudres d'argile dans un bol. Incorporez la glycérine et ajoutez l'hydrolat pour former une pâte. Ajoutez l'huile essentielle et remuez bien pour former un mélange homogène.
2. Appliquez sur le visage en couche épaisse. Laissez poser 10 mn, puis rincez à l'eau tiède.

La glycérine est un humectant qui préserve l'hydratation de la peau. L'hydrolat de rose et l'huile essentielle de géranium en font un mélange régénérant pour l'épiderme.

Exfoliant douceur

- 2 cuillerées à soupe de flocons d'avoine
- 4 cuillerées à soupe d'argile blanche

- 2 cuillerées à soupe de fleurs de lavande
- 2 cuillerées à soupe de fleurs de camomille

Moudre finement dans un petit robot à lames les fleurs séchées et les flocons d'avoine. Passez au tamis pour ne conserver que la poudre. Mélangez la poudre obtenue à l'argile età l'argile et transvasez dans un joli pot à couvercle.

Au moment de l'utiliser :
- 1 cuillerée à café de miel
- Hydrolat de camomille romaine

1. Prélevez 2 cuillerées à soupe du mélange à l'argile, versez dans un bol et ajoutez le miel et l'hydrolat pour former une pâte souple.
2. Appliquez sur le visage, laissez en place quelques minutes avant de faire des mouvements circulaires. Rincez à l'eau tiède.

Un exfoliant très doux, apaisant, un vrai régal pour les peaux sensibles. Il peut être utilisé 1 à 2 fois par semaine.

Masque revitalisant

- 2 cuillerées à soupe d'argile blanche
- 2 cuillerées à café de poudre de curcuma

- 2 cuillerées à café de yaourt
- 1 cuillerée à soupe d'hydrolat de fleur d'oranger

Dans un bol, mélangez l'argile et le curcuma. Ajoutez le yaourt, mélangez bien. Versez l'hydrolat pour obtenir une pâte épaisse. Appliquez sur le visage et laissez poser 15 mn. Rincez à l'eau tiède. *Le curcuma est un antioxydant remarquable, il donne un teint lumineux. Le yaourt entier est très hydratant.*

Soins des cheveux

Comme pour la peau, il faut adapter les argiles à sa nature de cheveux. Vous privilégierez l'argile verte (particulièrement la montmorillonite pour son pouvoir gonflant) pour les cheveux normaux à gras et l'argile blanche (kaolinite) pour les cheveux normaux à secs. Pour les cheveux fragiles et dévitalisés, vous pouvez agrémenter vos préparations d'argile jaune ou rose. Le mélange argileux peut être personnalisé avec une huile végétale pour nourrir et hydrater le cuir chevelu, et quelques gouttes d'huile essentielle. En général, on compte une cuillerée à soupe d'huile végétale et 3 à 5 gouttes d'huile essentielle pour un soin.

Astuce : si l'eau de votre région est très calcaire ou si vous habitez une ville polluée, pensez à ajouter une cuillerée à café d'argile à votre dose de shampoing. Cette association permet d'adoucir l'eau et facilite l'élimination des toxines.

Shampoing cheveux gras

- 200 ml de base lavante neutre
- 1 cuillerée à soupe d'argile verte
- 1 cuillerée à soupe d'huile d'olive
- 1 cuillerée à café de miel
- 5 gouttes d'huile essentielle de bois de cèdre (cedrus atlantica)
- 5 gouttes d'huile essentielle de citron (citrus lemon zeste)
- 5 gouttes d'huile essentielle de tea tree (melaleuca alternifolia)

Versez dans un flacon les ingrédients, agitez avant chaque utilisation. Versez une noix de shampoing sur les cheveux mouillés. Massez le cuir chevelu. Gardez quelques minutes avant de rincer. L'huile d'olive est une excellente base pour revivifier les cheveux, le miel est hydratant et les huiles essentielles choisies sont antiseptiques, tonifiantes et luttent contre le sébum.

Pour fabriquer une version « cheveux secs » de ce shampoing :

• Remplacez l'argile verte par de l'argile blanche ou rose

• Préférez une huile végétale d'argan ou d'avocat
• Les huiles essentielles à privilégier : bois de santal (santalum album) ou ylang-ylang (cananga odorata).

Shampoing cheveux fragiles

- 2 cuillerées à soupe d'argile blanche en poudre
- Un petit verre d'eau de source tiède
- 1 cuillerée à café d'huile d'argan
- 1 goutte d'huile essentielle de lavande (lavandula angustifolia)
- 1 goutte d'huile essentielle d'ylang-ylang (cananga odorata)

Préparez un mélange argileux assez liquide, ajoutez l'huile et les huiles essentielles. Remuez bien. Appliquez sur le cuir chevelu et massez doucement. Laissez poser 10 à 15 mn avant de rincer soigneusement.
L'huile d'argan est extrêmement nourrissante, l'huile essentielle de lavande est apaisante, et celle d'ylang-ylang est réputée pour faire briller les cheveux.

Shampoing sec

- 1 cuillerée à soupe d'argile blanche (ou verte)
- 1 pincée de sel de mer

1. Saupoudrez les racines des cheveux avec la préparation, massez le cuir chevelu.
2. Laissez agir 10 mn avant de brosser les cheveux tête en bas.

N'oubliez pas de protéger vos épaules avec une serviette pour éviter les traces de poudre.
L'argile absorbe le sébum, le sel marin renforce le pouvoir de l'argile. A utiliser en dépannage ou pour espacer les shampoings à l'eau qui ont tendance à trop stimuler les glandes sébacées.

Masque nourrissant

- 3 cuillerées à soupe d'argile
- 1 oeuf

1. Dans un bol, battez l'oeuf et incorporez l'argile pour former une pâte. Appliquez sur le cuir chevelu, massez doucement.
2. Laissez poser 15 mn avant de rincer à l'eau tiède (pas d'eau chaude pour ne pas cuire l'oeuf !).

Comme l'argile est absorbante, vous n'aurez pas besoin de vous laver ensuite les cheveux avec un shampoing. L'oeuf est également un agent lavant doux. Il nettoie et gaine les cheveux.

Masque désincrustant cheveux gras

- 3 cuillerées à soupe d'argile verte
- Le jus d'un citron

1. Mélangez l'argile et le jus de citron. Ajoutez suffisamment d'eau pour former une pâte crémeuse.
2. Appliquez sur le cuir chevelu, laissez poser 15 mn avant de rincer soigneusement.
3. Si besoin, faites un shampoing doux.

Pour les cheveux gras, ce masque peut être renouvelé 1 fois par semaine.

Soins pour le corps

Crème corporelle nettoyante

- 3 cuillerées à soupe d'argile
- 2 à 3 cuillerées à soupe d'eau (ou du jus de citron astringent pour les peaux grasses)

1. Mélangez les ingrédients pour former une pâte lisse, appliquez en mouvements circulaires sur le corps, en insistant sur les coudes et les genoux.
2. Rincez à l'eau tiède.

Vous pouvez utiliser cette crème régulièrement, en particulier, pour les peaux qui trouvent les savons trop décapants, elle est très douce et nettoie parfaitement. Elle fait une peau de bébé.

Bain purificateur

1. Prenez une douche rapide avant de préparer votre bain.
2. Une fois votre baignoire remplie d'eau chaude, versez 300 g d'argile, ajoutez 300 g de gros sel de mer et installez-vous confortablement. Prélassez-vous 15 à 20 mn avant de sortir.
3. Après le bain, reposez-vous enveloppé dans votre peignoir et restez au chaud.

Grâce à l'argile et au sel, ce bain est

tout à la fois détoxinant et reminéralisant. Il permet un moment de détente et de relâchement, assouplit l'épiderme et affine le grain de la peau.

Bain de pieds

1. Dans une bassine remplie d'eau chaude, versez 2 cuillerées à soupe d'argile.

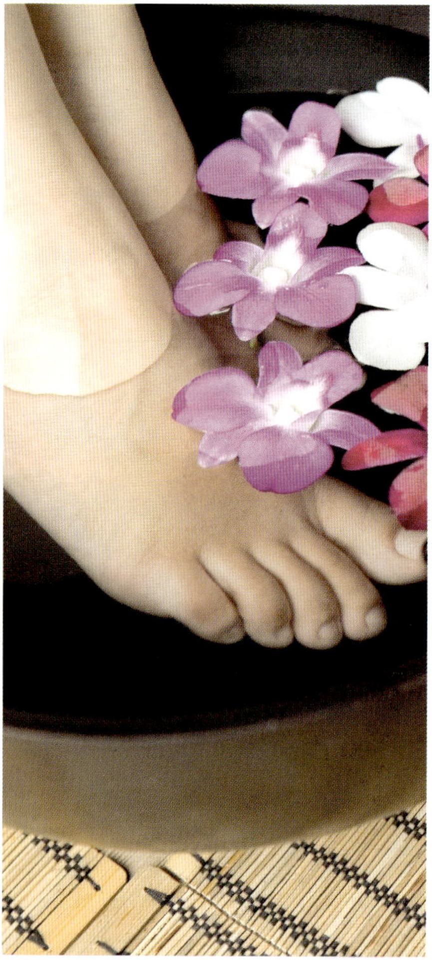

2. Ajoutez 3 gouttes d'huile essentielle de lavande vraie (lavandula angustifolia) ou de ravintsara (cinnamomum camphora) pour accentuer le lâcher-prise.
3. Immergez vos petons dans l'eau et savourez la détente pendant 15 mn.

Nos pieds méritent toute notre attention, ils sont souvent les grands oubliés des rituels «beauté ». Leur offrir régulièrement un bain les assainit, ravive la circulation, mais aussi soulage les tensions, apaise les irritations et élimine la fatigue nerveuse. Après le bain, séchez-les soigneusement, massez-les avec une crème spécifique ou du beurre de karité.

Crème douce lavante visage ou corps

- 2 cuillerées à soupe de ghassoul
- 2 cuillerées à soupe d'eau ou d'hydrolat

1. Mélangez le ghassoul avec l'eau tiède pour obtenir une pâte. Si votre peau est sèche, ajoutez quelques gouttes d'huile végétale pour former une texture onctueuse.
2. Sur peau humide, frictionnez-vous doucement avec la pâte. Attendez quelques minutes avant de rincer abondamment.

Votre peau est tonifiée et nettoyée en profondeur. Cette crème est si douce qu'elle peut être utilisée quotidiennement pour toutes les peaux, même les peaux sensibles.

Soins d'hygiène

Dentifrices à l'argile

L'argile forme un excellent soin pour nettoyer les dents et fortifier les gencives.

L'argile est une roche tendre, blanche ou verte, elle ne raye pas l'émail, ses grains fins polissent les dents, la silice et les minéraux qu'elle contient renforcent les gencives. Elle est absorbante et capte les odeurs. Même si on lui associe général ment d'autres principes actifs, à elle seule, elle fait parfaitement office de dentifrice de remplacement !

Dentifrice express

Faites une pâte d'argile et appliquez-la sur les dents et les gencives. Encore mieux, faites-la circuler 3 mn dans la bouche avant de la recracher.

Dentifrice purifiant

Formez une pâte d'argile avec de l'eau additionnée d'une goutte d'huile essentielle de citron (citrus limon zeste). Vous pouvez également ajouter des feuilles de sauge ou de menthe séchées et broyées.

Poudre dentifrice

- 3 cuillerées à soupe de bicarbonate de soude
- 3 cuillerées à soupe d'argile blanche
- 1/2 cuillerée à café de sel de mer fin
- 2 gouttes d'huile essentielle de citron (citrus lemon zeste)
- 2 gouttes d'huile essentielle de tea tree (melaleuca alternifolia)
- 1 goutte d'huile essentielle de menthe poivrée (mentha piperita)

1. Mélangez soigneusement l'argile, le bicarbonate et le sel dans un petit bol.
2. Ajoutez le mélange d'huiles essentielles goutte à goutte. Mélangez pour bien disperser les huiles essentielles et rangez dans une boîte hermétique.
3. Mouillez la brosse à dents, secouez-la pour évacuer l'excédent d'eau, posez la brosse dans la poudre pour qu'une fine couche s'imprègne.

Le bicarbonate et l'huile essentielle de tea tree ont un pouvoir blanchissant.

L'argile blanche assainit. Le sel de mer apporte, comme l'argile, des minéraux et désinfecte, il favorise la production de salive. Les huiles essentielles sont bactéricides, et laissent un goût agréable en bouche, très rafraîchissant.

Déodorants à l'argile
Utilisez l'argile pour talquer vos aisselles : elle absorbe les odeurs et inhibe la prolifération bactérienne.

Pour les pieds : la poudre d'argile versée dans vos chaussures capte les mauvaises odeurs.

Poudre rafraîchissante pour les pieds

- 1 cuillerée à soupe de feuilles de menthe sèches
- 1 cuillerée à soupe de fleurs de souci sèches
- 50 g de bicarbonate de soude
- 50 g d'argile blanche
- 20 gouttes d'huile essentielle de menthe poivrée (mentha piperita)

Réduire en poudre la menthe et les fleurs de souci. Mélangez les ingrédients dans un récipient, ajoutez les huiles essentielles goutte à goutte, remuez bien avec un petit fouet pour éviter les grumeaux.
Mettez dans une boîte poudreuse, type salière. Secouez la boîte avant l'utilisation : saupoudrez soigneusement vos pieds (n'oubliez pas de passer entre les orteils) avant de les glisser dans les chaussures.
Cette poudre est astringente, absorbante et antiseptique. Elle absorbe la transpiration excessive et apporte un vent de fraîcheur à vos enjambées.

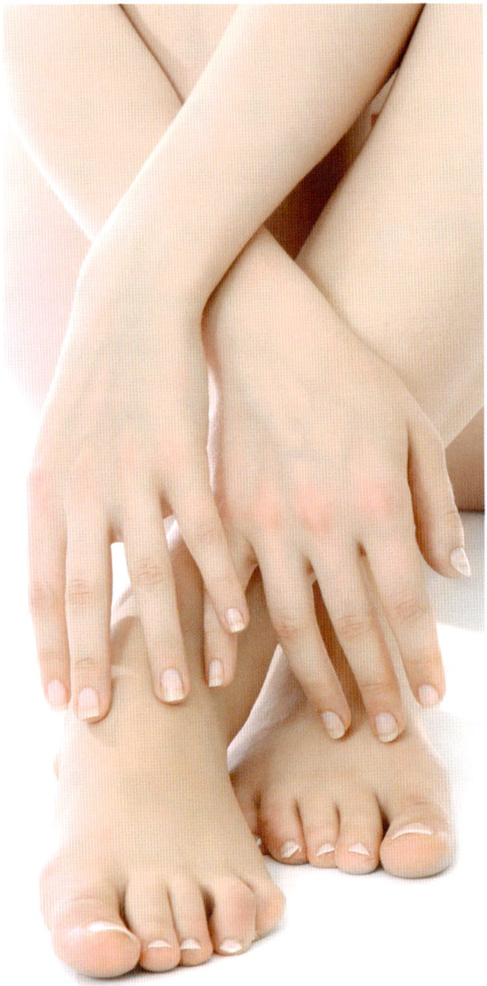

Bonnes adresses

Le site de l'auteur :
www.mon-naturopathe.com
Le site de la santé et du bien-être au naturel
Retrouvez les prochaines dates des ateliers et conférences.

Où trouver de l'argile ?
En pharmacie, parapharmacie, boutique de produits naturels

Laboratoire Cattier
Z.I La Marnière
16, rue Gutenberg
BP13 - 91071 BONDOUFLE cedex
info@laboratoirecattier.com
www.laboratoirecattier.com

Laboratoire Argiletz
14 route d'Echampeu
77440 Lizy-sur-Ourcq
contact@argiletz.com
www.argiletz.com
Les stages sur l'argile (soins de santé)

Les publications scientifiques L'Homme et l'Argile
41 rue Chapon
75003 Paris
lhomme.et.largile@free.fr
www.lhomme.et.largile.free.fr

Détoxination des cheveux par l'argile - Masques et shampoings à l'argile Aube Indienne Terre de Couleur
ZA du Chatenay
Rue du Chatenay
37210 Rochecorbon
www.terredecouleur.fr

Sels de bain japonais Yunohana
Disponible en magasin diététique ou bio, ainsi que sur Internet.
En savoir plus :
http://www.ecoidees.com

Bibliographie :

La référence :
L'argile qui guérit,
Raymond Dextreit,
Editions Vivre en Harmonie, 1993.

Les autres :
L'argile facile : une thérapie naturelle millénaire,
Marie-France Muller,
Editions Jouvence 2000.

L'argile tout simplement,
France Guillain, Editions Demeter 2006.

Dans la même collection

Les secrets du pain «maison»
A la découverte des huiles essentielles
Les confitures de nos grands-mères
Le savoir-faire de nos grands-mères
Conseils et recettes pour diabétiques
Ces remèdes anciens qui marchent
Trucs et astuces pour la maison